体育教学设计研究

◎杨 磊 著

中国原子能出版社

图书在版编目（CIP）数据

体育教学设计研究 / 杨磊著 . — 北京：中国原子
能出版社，2017.4（2024.4 重印）
ISBN 978-7-5022-8016-1

Ⅰ . ①体… Ⅱ . ①杨… Ⅲ . ①体育教学—教学设计—
研究 Ⅳ . ① G807.01

中国版本图书馆 CIP 数据核字（2017）第 086099 号

体育教学设计研究

出版发行　中国原子能出版社（北京市海淀区阜成路 43 号　100048）
责任编辑　胡晓彤
印　　刷　河北华商印刷有限公司
经　　销　全国新华书店
开　　本　787mm×1092mm　1/16
印　　张　14　　　　字　数　245 千字
版　　次　2023 年11月第 2 版　2024 年 4 月第 2 次印刷
书　　号　ISBN 978-7-5022-8016-1　　　定价：78.00 元

作 者 简 介

杨磊，男，汉族，1964 年生，山东聊城人，中共党员，硕士，副教授，山东体育学院硕士生导师、济南大学体育学院硕士生导师，现任济南大学体育学院院长。

主要研究领域：体育教育学、体育人文社会学、运动训练学、休闲体育产业。

负责科研项目：山东省科技攻关课题《山东省国民体质标准模型及指标动态变化的研究》、山东省社科基金项目《山东省运动休闲产业管理模式》、济南市社会科学规划项目等多项。参与国家社科基金项目 2 项。

主编：《大学体育与健康教程》（第一主编）、《大学体育与健康》（第一主编）教材两部，《家庭健身运动指南》副主编，发表论文多篇。

社会兼职：山东省毽球协会第一届理事会副秘书长、山东省保龄球协会第三届委员会副秘书长、山东省小球运动联合会第一届委员会理事、济南市毽球协会副主席等。

前　言

教学设计在教学理论、学习理论、教学实践中起着中介的作用，是教师进行课堂教学前，为完成教学目标，预测教学内容、学习环境、教师行为、学生行为所引起的效果而对教学过程进行的总体构想，反映了教师在课堂教学中的教育观和预期的教育目标。

体育教学讲究整体性、连贯性、针对性、科学性、实效性和长远性。因此，体育教学设计要用最优化的思想和观念对体育教学过程进行设计，尤其是重点设计体育教学目标、教学策略、教学过程、教学评价等方面的内容。体育教学设计为教师提供了具有可操作性的活动方案。

体育教学设计要符合体育本身的特点与规律，还要符合广大青少年的心理发展水平。从发展心理学的角度来看，体育不但要提高学生的体质，还要引导并促进学生的心理健康发展。因此，设计体育教学的时候，要充分考虑到青少年的心理发展特点，在不断提高运动技能水平的同时提高他们的心理素质。

本书以体育教学设计的基础知识和基本方法为主线构建体育教学设计过程，共分为十一章：第一章体育教学设计概述，第二章体育教学设计的理论知识，第三章体育教学设计的背景分析，第四章体育教学目标的设计，第五章体育教学策略的设计，第六章体育教学模式的设计，第七章体育教学媒体设计，第八章体育教学环境的设计，第九章体育教学过程的设计，第十章体育教学计划的设计，第十一章体育教学评价的设计。

总而言之，此书是在全新的教学理念指导下，以系统论、传播理论、教学理论、学习理论、生理学理论为坚实的理论基础，针对传统教学中出现的问题而提出的一种新的分析和解决问题的系统方法。它将有助于教师进行教学反思，用科学的理论指导教师教学。此书在编写过程中借鉴和引用了部分专家和同行的研究成果，在此表示衷心的感谢。由于编者水平有限，书中难免存在不足之处，敬请广大读者批评指正。

编　者

2017 年 3 月 1 日

目 录

第一章　体育教学设计概述

第一节　体育教学设计发展概况

一、教学设计的历史沿革

教学设计理论体系的建立和发展主要取决于教育心理学的发展和社会的需求两方面的因素。在教育心理学研究领域，斯金纳（B.F.Skinner）、加涅和奥苏伯尔（D.Ausubel）等人发挥了非常重要的作用，也正是他们创立了这门学科。

（一）萌芽阶段

可以说，教学设计学是一个新的知识体系，它是在融合许多不同学科的重要理论概念的基础上形成的，所以其出现与发展与其他学科有着密不可分的联系，在这些学科中，教育学、心理学和传播理论发挥了举足轻重的作用。

教学设计学的构想最初来源于美国哲学家和教育家杜威（John Dewey），他提出应建立一门所谓的"桥梁科学"（Linking Science），以便将学习理论与教学实践连接起来，目的是建立一套系统的与教学活动有关的理论知识体系，以实现教学的优化设计。[①]但由于当时条件的限制，教学设计学还仅仅处于萌芽状态，并未形成系统的理论体系。

教学设计这一概念的产生可以追溯到第二次世界大战时期，当时由于战争的需要，为了使美国士兵掌握先进武器的使用技术，必须对他们进行相应的培训。为了达到这一目的，大量的从事心理学和教学研究的专家被应征入伍。这些专家

---

① 赵彬总.中学生物教材研究与教学设计［M］.西安：陕西师范大学出版总社有限公司，2011.

1

将自身在研究中得出的学习规律应用于军队的教学中，最终形成了一整套系统分析的方法。然而，由于各方面条件的限制，当时的大部分教学尝试都以失败告终。美国教育心理学家加涅参加了这一培训计划，他在总结失败教训的基础上提出了自己的教学设计思想。他的教学设计思想的主要观点是：按知识学习从简单到复杂、从低级到高级的顺序，等级化地安排教学步骤，从而促进知识的获得。他的这一思想对现代教学设计的发展做出了重要的贡献。

（二）行为主义学习理论的影响

在早期发展阶段，由于教学设计主要吸取的是行为主义的理论和方法，因此明显地带有行为主义色彩。到了 20 世纪中叶，行为主义的代表人物斯金纳在继承行为主义心理学思想的基础上，发展了桑代克的食物说和华生的 S-R 理论，并将其应用于教学实践，最终提出了著名的操作条件反射说。斯金纳通过大量的研究认为：任何反应如果有强化刺激尾随其后，则有重复出现的倾向，为了形成预期的行为，可以通过有效安排强化来促进操作行为的形成。在操作强化学习理论的基础上，斯金纳还提出了程序教学方法和使用教学机器进行强化学习。[①]程序教学强调的是以精细的小步子方式编排教材，组织个别化的、自定步调和及时强化的学习，这种教学方法确立了许多有益的指导原则，这些原则以及开发程序教材的系统方法，对后期的教学设计理论模式的发展产生了重要的影响，对教学设计的发展作出了非常大的贡献。

在 20 世纪中期，对教学设计的发展起较大作用的除了教育与心理学外，还有两个社会事件也对教学设计的发展起到了巨大的促进作用：一是二战后婴儿的出生率大幅度提高，这一现象给当时的教育体制提出了一个难题，学校被迫接收大量的学生，要想有效地提高教学质量，改进教学方法的要求变得极为迫切；二是苏联于 1957 年发射人造卫星，这一事件使得美国在教育和技术方面的优越感荡然无存，这都对美国的教学方法提出了挑战。以上两个事件促使美国政府下定决心，投入大批资金对课程与教学方法进行改革。不光美国如此，在欧洲，第二次世界大战后经济的恢复与发展要求教育的投入比重也逐渐加大，如德国的教育发展目标是扩大办学规模，提高受高等教育的比例，但这也对学校所能提供的教育系统

---

① 佟晓东，刘铁.体育教学设计与实践［M］.沈阳：东北大学出版社，2009.

与课程提出了挑战。要解决这一问题，就要求学校能够提供足够的教育资源。

到了 20 世纪 60 年代末期，系统科学已被引入教育领域，教育技术也已发展到系统方法应用阶段。因此，用系统方法解决教学设计的思想逐步引起人们的注意。大部分研究者都倾向于形成一种理想的基于系统理论的教学方法，他们的主要目的是制定一个教学方案，以便于从行为层面明确教学目标，进而帮助大多数学生完成学习任务。

（三）认知学习理论的影响

从教学设计发展的第一阶段可以看出，程序教学是教学设计在方法学上的依据。20 世纪 60 年代末至 70 年代，行为主义逐渐被认知学习理论代替，认知学习理论便成为了教学设计的指导思想。因此，广大的教学设计研究者也开始从教学的行为模式转向以学生心理过程为基础的教学理论。认知主义学习理论强调人的学习过程是一个学生主动接受刺激、积极参与和积极思维的过程；学习是学生在原有认知结构基础上，将新的知识同化到原有的认知结构中，并引起原有认知结构的重构。[①]因此，相对而言，在认知主义学习理论指导下的教学设计更加注重学生认知经得起内部心理结构的分析。认知主义学习理论指导下的教学设计主要关心的是知识技能的获得，及其在相应的认知过程中所形成的认知能力，因此设计的教学系统是封闭的，而且是线性的。在这一时期，研究者们开始重新考虑学习埋论，并探索将这些理论与教学设计相联系的方法。他们试图对学生学习的内部过程和内外条件进行详细的阐述，并据此进行教学分析，同时发现一种可能性：按照人类学习性能所建立的设计方案，可以广泛迁移到同类性能的不同具体学习活动中，并且这种迁移不受不同学科的限制。除此之外，加涅等人（R.M.GAGagne 等人 1992 年）还将自己的教学设计与认知理论相结合，并且将学习结果分为言语信息、智慧技能、认知策略、动作技能和态度五类。除了学习过程中的一般因素（如联系和强化等），这一理论还强调依据不同的学习结果类型确定学习的内外条件，教学应与学生先前的学习行为相联系。梅里尔（M.D.Merrill）也于 1983 年提出教学设计的成分呈现理论。虽然成分呈现理论也来源于加涅的理论思想，但是相对而言它更注重教学的实效。梅里尔不仅进行了概念学习的研究，

---

① 　杜俊娟.体育教学设计［M］.北京：北京体育大学出版社，2007.

还在此基础上设计了一套用来呈现教学内容的教学呈现分类技术，该技术主要用于向学生传达学习信息并提问，而且能够将学习结果的分类进一步扩展，即将学习内容和学习行为表现分离开来。

此外，认知心理学中关于知识生成的研究结论也被应用到教学设计中，这些研究产生了许多针对学习过程的策略，如问题解决策略、信息组织策略、降低焦虑策略、自我监控策略、元认知与执行性策略等。而这些研究使得研究者更新了原先的一些教学设计观点，例如，熟练的自动化技能与认知策略具有不同的学习特点与教学特点，复杂学习任务必须建立在低一级子能力或任务的掌握基础之上，等等。①

但是，在认知主义指导下的教学设计中也存在一些缺陷，比如，认知主义按人类学习性能建立设计方案，加涅等研究者也对人类学习性能进行了分析，但对于没有经过长期严格训练的中小学老师来说，直接从课程目标和教学内容中识别出这些不直接依赖具体学科知识、概括性的人类性能是十分困难的，即对学习过程中学生的认知特征、水平和发展的判断是十分艰苦的工作，这就使基于认知主义理论的教学设计的开展受到了限制。

在这里，需要指出的一点是：在认知主义教育思想指导下的教学设计研究者们并未对行为主义教学设计思想进行完全的否认，而是吸取了其中合理的成分。加涅将行为主义与认知主义结合，并吸取两者的精华，提出了一种折中的观点，这种观点的主张是：既要解释人类学习的外部刺激的作用与外在反应，又要解释内部过程的内在条件的作用。加涅的这种思想对教学设计的发展起到了巨大的促进作用。

（四）教学设计理论的整合

到了20世纪80年代，教学设计研究领域的学者逐渐倾向于将不同的教学设计理论综合成一个行之有效的总体模式。这种方式可以成为整合化的教学设计理论，它强调教学条件的研究必须以学生的学习过程与需求为依据，只有在明了学生学习该知识的过程之后，才能确定教学策略、教学步骤和教学媒体。

在整合教学设计理论中表现比较突出的有赖格卢斯（C.M.Reigeluth）的精加

① 佟晓东，刘铁.体育教学设计与实践［M］.沈阳：东北大学出版社，2009.

工理论以及藤尼森（Tennyson）等人提出的概念教学理论。

赖格卢斯（C.M.Reigeluth）的精加工理论要求教学设计者通过分析，将概念按照它们的重要性、复杂性和特殊性进行排列。在具体教学过程中，先从大的、一般的内容开始，逐步集中于任务成分的细节和难点，然后又整合成一个较大的观念。通过这种反复的过程，使学生获得对这一知识的细致化的理解。精加工理论综合了多种不同的理论观点，包括加涅和奥苏伯尔等人的思想。

藤尼森（Tennyson）等人提出的概念教学理论强调概念教学包含三类知识（陈述性知识、程序性知识和策略性知识）的教学，每一类知识需要不同的教学策略，而教学策略的选择则需要对学习内容和学生的需求进行分析。这一理论的任务分析强调的是学习情境而不是学习行为的特征。[①]

20世纪90年代，在教学设计理论的发展中，建构主义理论起了较大的作用。这一时期教学设计发展的一个重要特征是：学生与教学媒体、教学情境的结合。根据建构主义的观点，在教学过程中，作为学习主体的学生具有积极的自我控制、目标导向和反思性特点，因此他们能够通过在学习情境中的发现过程和精加工行为建构自己的知识。针对这一点，可以采取灵活、智能化的处理来满足变化着的学习需求。建构主义强调教学的整体性和变化性，这一思想导致了教学设计理论中一个重要的变化：学生学习的内容应该是知识与技能的整合体，而不应该是各种子能力或任务的分解；教学设计的内容应该是与特定的教学情境相联系的学生整体知识的获得和运用。

20世纪80年代末90年代初，致力于教学设计理论与实践研究的学者仍旧关注着具体领域的能力结构及学习过程，同时期望设计一个教学方案来促进这种能力的形成。在不同的教学方法中，无论是强调成分技能获得的掌握学习模式，还是强调整体能力提高的结构化学习模式，它们都蕴含着两种思想：首先，学习是情境化的，是一个积极运用原有知识来解决特定问题以及完成特定任务的过程；其次，解决问题的相应策略的运用具有十分重要的作用。因此，在行为主义者看来，学生为情境所塑造；而在认知心理学研究者看来，学生积极地塑造情境来促进自己的学习。

---

① 杜俊娟.体育教学设计［M］.北京：北京体育大学出版社，2007.

二、教学设计的概念

教学设计是 20 世纪 50 年代以后在教育心理学和教学技术逐渐整合的基础上发展起来的现代教学理论，它是一门新兴的应用学科。

在现代社会，一般情况下，教学被认为是一种通过信息传播，促进学生达到预期特定的学习目标的活动。这种活动的主要目的是让学生知道原来不知道的知识，学会做原来不会做的事情，并使他们的智力和能力得到良好的发展。因此，有人说："只要掌握了所教学科的内容，谁都会教的。"显而易见，这种说法将教学简单化了。教学实际上是一个复杂的系统，包含着多种要素的组合。教学设计是面向教学系统，解决教学问题的一种特殊的设计活动。它不仅具有设计的一般性质，同时还必须遵循教学的基本规律。

针对教学设计的概念问题，不同的教学论专家有着不同的解释，但综观这些学者的观点，主要集中于将教学设计定位于教学规划、课程开发等方面。美国著名教学设计专家梅里尔认为，教学设计是一种以开发学习经验和学习环境为目的的技术。著名的教学设计专家加涅（R.M.Gagne）认为，教学设计是一个系统化地（systematic）规划教学系统的过程。教学论学者赖格卢思（C.M.Reigeluth）也形象地把教学设计比作建筑设计蓝图的准备，把教学开发比作实施这个计划的过程。而有些学者则把教学设计与教学开发视为同一物。我国的教学论研究者则普遍认为，教学设计是运用系统方法，分析教学问题和确定教学目标，建立解决教学问题的策略方案，评价实施结果和对方案进行修改的过程。①

从以上对教学设计的认识可以看出，教学设计是一个很大的概念，它是对教学的整体规划甚至是课程开发的概念。

三、体育教学设计的概念

相对而言，体育教学是一个特殊的教学过程。和其他学科进行比较可以发现，体育教学课程承担着促进学生身心全面发展的任务。体育教学过程不仅是身体活动过程，也是思维发展过程。它的主要特点是：学生在教学过程中要承担一定的生理和心理负荷。再加上体育教学活动空间开放，影响因素众多，因此对体育教

---

① 毛振明，于素梅.体育教学计划编制技巧与案例［M］.北京：北京师范大学出版社，2009.

学进行组织和控制，其难度非常大的。这样一来，对体育教学过程中的各个要素进行分析研究，围绕体育课程目标对体育教学过程进行充分的准备和策划就变得尤为必要了。

我国对体育教学设计的研究可以追溯到20世纪80年代中期，在这一时期，人们对教学设计的原理和方法越来越重视，并且逐渐将这一原理应用于课程计划的制订、教学软件开发以及课堂教学的改革等方面。

总结起来，我国体育工作者对于体育教学设计概念的认识主要表现如下：

（1）南勇认为：体育教学设计的实质就是依据体育教学的特点，运用系统的方法，对体育教学前的各种准备工作和教学过程的实施进行系统的综合。

（2）毛振明认为：体育教学设计是依据教学目的和教学条件，对某个过程（如学段、学年、学期、单元和学时）的教学所进行的各方面的最优化研究工作和计划工作。这一定义对体育教学设计的应用范围进行了明确的界定。

（3）周登嵩认为：体育教学设计是依据体育这门学科的特点，从体育教学系统的整体出发，综合考虑各方面因素（如体育教师、学生、场地器材、体育教学环境及要达成的教学目标等），详细分析体育教学过程中可能出现的问题，有针对性地设计出解决这些问题的教学方案，并在体育教学过程中评价行动方案的可靠性，同时随时做出修正，直到体育教学活动取得最优化的教学效果为止。

（4）焦敬伟认为：体育教学设计是一个为体育教学活动制定蓝图的过程，这一蓝图规定了教学的方向和大致进程，是师生实施教学活动的依据。在教学过程中，教学活动的每一步骤、每个环节都要受到教学设计方案的约束和控制。

（5）朱伟强认为：体育教学设计也可以称为体育教学系统设计，它是一种面向体育教学系统，解决体育教学问题的特殊的设计活动。体育教学设计不仅具有设计的一般性质，同时还必须遵循体育教学的基本规律。

综合以上学者的观点，我们可以看出体育教学设计是一项研究工作和计划工作。它以获取最佳体育教学效果为目的，以学习理论、教学理论、传播学和体育教学原理为理论基础，通过一套具体的操作程序来协调、配置体育教学过程中的各种要素（如体育教师、学生及教学内容、教学条件、教学目标、教学媒体、教学组织形式）以达到优化体育教学过程的一种设计活动。[①]

---

① 舒盛芳，高学民.体育教学设计［M］.上海：复旦大学出版社，2013.

第二节　体育教学设计基础知识

一、体育教学设计的意义

（一）使体育教学工作变得更加科学

在传统的体育教学中，对于体育教学方案的撰写存在以下的问题：一方面，大多以课堂、书本和教师为中心，教学理念比较陈旧，跟不上教学改革的步伐；另一方面，由于一些教师并未掌握科学的设计方法，撰写教案不得要领，缺乏规范性，比较随意性。要想有效地解决这些方面的问题，帮助教师掌握体育教学设计方法就很关键，这样一来就可以增强体育教学工作的规范性，从而进一步提高体育教学过程的科学性。

（二）促进了体育教学理论与体育教学实践的结合

很长一段时间以来，体育教学研究都比较偏重理论上的叙述和完善，忽视了体育教学实践，这就使得体育教学理论成为了纸上谈兵，难以在体育教学工作中发挥应有的作用。这就导致广大一线体育教学工作者，对于体育教学理论的了解微乎其微，以至于在体育教学实践中陷入茫然。在这种情况下，体育教学设计的作用便凸显了出来，它可以起到沟通体育教学理论与体育教学实践的作用，主要表现在以下两个方面：一方面，通过体育教学设计，可以将现有的体育教学理论和研究成果运用于实践中；另一方面，也可以将一线的广大体育教师的教学经验升华为教学科学，用来不断地对体育教学理论进行充实和完善，使得体育教学理论与体育教学实践紧密地结合起来。

（三）培养人们科学的思维习惯和能力

体育教学设计是系统化地解决体育教学问题的过程，它提出的一整套确定、分析、解决教学问题的理论和方法对于培养人们科学的行为习惯，提高人们科学地分析与解决教学问题的能力具有重要意义。

（四）加速了对青年教师的培养

我们应该看到，体育教学不仅是一门科学，还是一门艺术。虽然要想通过教学来传授这门艺术很难，但是从教学中学习科学的教学理论和方法则是比较容易的。在这个方面，体育教学设计为师资队伍的培养提供了一条非常有效的途径，体育教师通过体育教学设计的训练过程可以迅速掌握体育教学的基本原理、方法和实际操作技能，并在实际运用中不断熟练和提高，最终成为一名体育教学专家。

（五）有利于开发体育多媒体教材

随着时代的发展，信息和现代教育技术得到了很大程度的发展，各学校的教学投入也在增加增加，各类电教器材更是五花八门，体育教学技术与手段也在不断地发展。体育多媒体教材具有融体育教学内容和体育教学方法于一体的特点。通过学习和掌握体育教学设计的理论与方法。可以帮助体育教师有效地使用现代教学媒体，编制相应的多媒体教材，从而提高体育教学质量。

二、体育教学设计的特征

（一）指导性

体育课程教学设计是在学校体育"健康第一"的思想指导下，教师为组织和指导教学活动精心设计的教学计划，是教师关于进行教学活动的预先设想，如将教学目标、任务、内容及其教学模式、方法、组织形式反映在教学计划中。[①]因此，体育教学设计方案一旦形成，便成为指导教师和学生实施体育教学活动的重要依据，体育教学活动的每个环节都在体育设计方案的控制之中，因此，体育教师在进行课前体育教学设计时必须全面规划、认真思考，以便于制定出科学、可行的设计方案。只有科学、合理地设计体育课程教学计划，在实施计划的体育教学过程中才能更好地发挥教学设计的指导功能，使教学工作达到最佳的效果，从根本上提高体育教学的质量。

---

① 赵秀云，张良朋.小学教学实施［M］.济南：山东人民出版社，2014.

（二）系统性

体育课程教学是一个复杂的系统，组成这个系统的因素多种多样，比如，教学的指导思想、目标、任务、内容、方法、形式、学生、教师及教学环境等，教学设计的主要作用是对这些要素进行系统的安排与组合。以系统、科学的方法指导体育课程教学设计，是科学的教学设计与实际经验教学的重大区别。一般情况下，建立在经验基础上的教学注重的只是教学的某个部分（如教学内容或教学方法），局限性比较大。从系统科学方法论的角度对体育课程教学进行审视，如果系统内各要素都能处于"最佳状态"组合时，系统的整体功能则能够达到最佳的强盛状态。在体育教学设计中，这一工作贯穿始终：对由诸多要素构成的教学活动进行综合的、整体的规划与安排，全面、周密地考虑与分析每一个教学要素，使所有的教学要素在达成一致教学目标的过程中实现有机的配合，成为完整的系统性教学方案。

（三）可操作性

教学设计为教学理论与教学实践的有效结合提供了现实的结合点，因此它具有很强的理论研究性，但同时，教学设计又是明确指向教学实践的具体教学计划。在教学计划中，通过细心的设计，各类教学目标被分解成了具体的、具有较强可操作性的目标与要求，教学设计者对教学内容的选择、教学方法的运用、教学时间的分配、教学环境的创设、教学评价手段的实施都做了细化的安排和具体明确的规定，这一系列教学设计的计划都必须具有极强的可操作性和可行性，体育课程的理论必须与具体的教学实践活动紧密结合，构成具体的操作方案与实施计划，成为教师组织教学活动过程可遵循的程序、依据和教学指导。体育课程教学设计无论是学段的教学设计，还是学年、学期、单元或课时的教学设计方案，都必须具有极强的可操作性和可行性。

（四）预见性和调控性

教师进行体育课程教学设计的过程，从本质上来讲就是教师将整个系统教学活动过程的每个环节、每个步骤在头脑中进行预演的过程，就像文艺演出中的彩排一样，这一过程具有较强的预演性和生动的情境性。通过这一过程，使得教师犹如身临真实教学情境，对教学过程的程序、内容、方法以及每一个细节进行周密考虑、仔细审视、精细策划，保证了教学活动的顺利进行。因此，体育教学设计应具有较强的预见性，在课前进行充分的准备与筹划是实现优质体育课教学的基础。

体育课程教学设计的调控性表现在两个方向：首先，由于教学设计是对教学活动进行预先的规划和准备，因此教师有充足的时间对整个教学过程进行周密讨论并反复检查。与真实的课堂情境相比较而言，教师在教学设计阶段能够实现对各种教学因素的调节和控制，能够发现错误并及时修改，将其自身在实际教学过程中出现失误的可能性降到最低。其次，教学设计确定明确的教学目标，教学目标是课堂教学的出发点和归宿，是课堂教学的灵魂，教学目标对教学活动的诸要素都具有较强的控制作用，它既控制着教学活动的方向，也控制着教学活动的内容、程序、进程和活动中主客体之间的动态关系。因此，重视教学设计是强化教学设计控制功能的一个重要方面。[①]

（五）凸显性和创造性

体育课程教学设计的凸显性是指教师在设计教学方案时，根据教学目标、内容、方法的不同，可以有目的、有重点地突出某一种或某几种教学要素，以便于实现预定的教学目标。例如，在设计教学方案时，教师可以突出教学重点并注重解决教学的难点；在具体教学实践过程中，可以突出运用某一教学模式和方法，突出讲述某一部分教学内容，注重创设特定的教学环境等，通过这一系列的手段使得教学活动重点突出，特色鲜明，层次清晰。

体育课程教学设计的创造性是教学设计的一个基本特点，也是其最高层次。由以上的了解我们可以看出，教学设计是一项极富创造性的工作，在具体的体育教学设计过程中，要想设计出科学、合理的教学设计方案，就应该在继承与发扬前人教学设计方案中成功、优秀模式的基础上进行创造和改善，使其更加完善。这就要求在进行体育教学设计时，应深刻地理解、掌握和应用体育教学设计的"贵在得法，重在创新"理念，这也是我们进行体育课程教学设计的指导观念。

教学设计的过程是教师在深入钻研教材教法的基础上，根据不同的教学目标，

---

① 赵静，马莹，马玉龙.体育教学理论问题与实践应用［M］.长春：吉林大学出版社，2013.

针对不同学生的特点，创造性地思考、设计教学方案与计划的过程。虽然教学设计追求的是教学的程序化、合理化和规范化，但是由于教学设计具有很强的创造性，因此给了教师教学实践很大的发挥空间。教师可以根据教学活动丰富多彩、灵活多变的特点，制定适合学生需求的教学设计方案。此外，因为教学设计是有不同的教师来进行，由于每个教师的教学经验、教学风格以及教学能力不同，因此由他们制定的教学设计方案都会程度不同地带有个人风格与色彩，因而它为教师个人创造才能的发挥提供了广阔天地。

三、体育教学设计的基本要求

（一）应体现素质教育理念

1.强调以学生为中心

大量的教学实践表明，在教学过程中坚持以学生为中心对教学设计有着至关重要的指导意义。体育教学设计的出发点不同，设计结果将截然不同。所有的教学都应该注重学生的主体地位，因此体育教学设计应将学生放在首位。这就要求体育教师在教学设计中重视学生的学习，重视学生的学习过程。具体来说，教师的教学设计方案应以学生为基础，建立在学生的身心发展之上，将教学活动当作一种方式，一种情境，一种过程。学生是教学的主体，教学设计的内容、过程、步骤等都必须服从学生的需要。通过一系列引导和启发，将蕴藏在学生身上的探究知识的潜能充分地激发出来，使学生能主动发现问题、探究问题、解决问题，充分发挥学生学习的主观能动性。

2.坚持"以人为本、健康第一"的教育理念

当今，素质教育开展得如火如荼，在这种大背景下，"以人为本、健康第一"的教育观被提了出来，这一理念是根据体育学科的特点提出的，它为我国体育教学改革指明了方向，也是新一轮素质教育研究的热点。在这一理念的指导下，体育教学设计应积极地把健康与体育教学结合在一起，注重加强对学生健康方法、健康锻炼能力的培养，最终达到使学生身心、道德、社会适应等方面全面完善发展的目的。体育教学设计应当根据"以人为本、健康第一"的体育教育观念来进行，在规划过程中充分体现以学生为主体，重视学生的兴趣需求，重视学生的全面发展。

3.体现"终身体育"指导思想的要求

"终身体育"指导思想的主要目的在于：通过体育教学活动加强对学生的体育兴趣、态度、爱好等方面的培养，使学生掌握一定的健身方法，具备体育锻炼的能力，为他们离开学校后继续从事锻炼做准备。"终身体育"指导思想体现了可持续发展的时代理念。作为现代学校体育教育的思潮，终身体育这一概念已经深受世界各国高等教育的重视，以终身体育为目标的指导思想，是深化体育教育改革，是体育人才培养更加科学化、社会化和具有时代化特征的有效途径。终身体育认为，体育教育的最终意义在于，使受教育者具有独立从事社会服务的健康体质和良好的健身习惯，坚持健康第一，身心发展第一，坚持培养兴趣和运动习惯相统一的体育教育方向。体育教学设计要体现"终身体育"思想，按照"终身体育"指导思想的要求对体育教学过程重新进行定位，谋求新的发展思路和理念，实现体育人才培养的可持续发展。[①]

（二）应体现全体学生的发展

1.应面向全体学生

一直以来，在体育教学设计中，有一部分体育教师所开展的体育活动只是针对部分有体育特长的学生来进行，其功利性非常明显，一切都为了在运动会上取得良好的成绩，因此而忽视了全体学生的需求，这就导致很多学生难以达到体育教学的技术要求，从而对体育活动缺乏兴趣。近年来，随着教学改革的进行以及素质教育的深化，学校人才培养的理念以及模式都发生了很大的变化，在体育教学中也是如此，改变以往单纯重视少数体育特长生的培养模式，进而转向重视全体学生的发展。要让每个学生在身体健康、体育知识、技术和技能等方面都得到发展。鉴于体育教学理念的转变，教师在进行教学设计时需要投入更多的精力，对学生情况有更多、更深入的了解，根据学生的多样性特点设计出体现差异性的体育教学方案，以满足不同学生的体育学习特点、需求。

2.体育教学设计要体现学生的全面发展

在以前的体育教学中，有些教师过于注重对体育知识、技能的传授，他们检验教学效果的唯一标准就是考试是否达标。当前的体育教学对人才的培养，不仅

---

① 舒盛芳，高学民.体育教学设计［M］.上海：复旦大学出版社，2013.

要求传授体育基础知识、技能，而且还要注重培养学生的实践能力，做到知识能力提高与人格健全发展相协调。这就要求教师在体育教学设计过程中，应该坚持全新的人才培养理念，全面考虑学生知识、技术、能力、个性品质的同步发展，尤其注意在设计体育教学目标时要包含新课程标准中提出的运动参与目标、运动技能目标、身体健康目标、心理健康目标以及社会适应目标。通过科学合理的体育教学设计来促进学生的全面完善发展。

3.要根据学生的特点来进行设计

在教学活动中，学生是学习的主体，是学习过程中最积极主动的因素，因此，体育教学设计的一切活动都是以学生为中心来进行的。例如，体育教学目标能否实现，必须通过学生的体育学习活动来体现；体育教学内容是否科学合理，必须根据学生的学习效果进行判断；体育教学组织形式以及方法是否可行，应当通过学生的学习效果来体现。现代体育学科发展要求重视学生的兴趣爱好，根据学生的身心发展基础来开展体育教学设计，而作为学习主体的学生在学习过程中各具特点。因此，要取得体育教学设计的成功，必须从学生实际出发，对学生身心发展状况、已有的知识结构、技术水平、兴趣爱好、能力倾向以及学习前的准备情况等几个方面进行分析。[①]

第一，学生正处于蓬勃发展期，在这一发展过程中，有其身心发展规律可循。这一发展规律对体育教学设计的影响是非常深远的。所以我们在进行体育教学设计时，一定要根据学生身心发展规律来确定体育教学内容。第二，在体育教学过程中，学生的知识结构和体育技术水平也会影响体育教学设计。因此进行体育教学设计也应该充分考虑学生已有的知识结构和体育技术水平，并据此来确立教学目标、安排教学内容、选择适用的教学组织形式和方法、手段。只有在此基础上进行的体育教学设计，才能更好地满足学生的学习需求，达到更好的教学效果。第三，在体育教学活动中，学生的兴趣爱好也是十分关键的，作为一个变量，它也会对整个体育教学设计产生重要的影响。大量的实践经验表明，那些脱离了学生的体育兴趣爱好所进行的体育教学设计，会导致严重的后果：使体育教学脱离学生的实际需求，教学过程中不能充分调动学生的学习积极性，不能激发学生学习兴趣，最终会影响教学效果。第四，学生的体育学习准备也会对体育教学设

---

① 舒盛芳，高学民.体育教学设计［M］.上海：复旦大学出版社，2013.

计产生很大的影响。所谓体育学习准备是指学生在从事新的体育学习时，他原有的体育知识、体育技能、身体素质等方面的水平和身心发展水平对新的体育学习的适应性。体育学习准备是进行新内容教学的基础和出发点，具体来说主要包括：其一，学生的年龄、性别、身体发育水平、体质状况；其二，学生体育学习风格，即学生对体育知识技能的感知和处理速度、处理方式等；其三，学生已有的体育知识、体育学习动机、个人对体育学习的期望、经历、生活经验、社会背景等方面的特征。以上这些方面是我们进行体育教学设计时需要考虑的。

（三）应适应体育课程教材内容的多样化

近年来，我国在教学上实行了一些新的措施，比如，在课程管理制度上，实行国家课程、地方课程和校本课程三级课程管理制度，这在很大程度上增强了课程的多样化和适应性。在教学改革大环境的影响下，体育课程在教学内容上也有了很大的改进。主要表现在：体育教材体系进一步完善，教学内容进一步多样化，教学自主性进一步加强。鉴于以上因素，体育教师在进行教学设计时，应熟悉课程标准的内容，并要做到能够根据课程标准确立的教学目标对学校现有的教材内容进行加工处理，使教材变得主次分明、重点突出、结构合理。在此基础上，选择科学合理、行之有效的教学手段以及组织形式，以便更好地贯彻课程标准提出的各项要求，从而有效地实现教学目标，使教学设计效果最优化。

（四）应灵活采取多种教学组织形式和教学方法

随着教学改革的推进，带动了体育学科的发展，一些新的教学组织形式、教学方法也逐渐被引入体育教学领域，这就使得体育教学组织形式、教学方法日趋多样化。为了紧跟时代形势并且适应素质教育的要求，体育教学设计也应该在教学组织形式和教学方法手段上日趋多样化，以不断适应学生发展的需要。

四、体育教学设计的分类

体育教学设计是一项系统工程，它是一个多因素、多层次的系统地解决体育教学问题的过程。体育教学设计的内涵，可以从宏观和微观两个方面来具体说明：从宏观方面来讲，体育教学设计是指解决各个水平阶段的教学目标分解、教学内容选择、教学单元安排等重要问题的过程；从微观方面来讲，是指对一节课或一个单元的教学构思和组织的过程。

从宏观方面来讲，一个完整的体育教学设计，主要包括以下内容：

（1）学段体育教学计划的制订；（2）学年、学期体育教学计划的制订；（3）单元体育教学计划的制订；（4）体育课教学计划设计。

从微观方面来讲，体育教学设计主要指的是体育课教学计划的设计，主要包括以下内容：

（1）设计说明。主要包括：①指导思想；②教材内容分析；③学习情况分析；④体育教学过程及策略的设计。

（2）教案的设计和撰写。主要包括体育教学目标、教学内容、教学方法与步骤、时间、密度和强度、场地器材、教学组织等要素的设计。[①]

上述两类体育教学设计并不是各自独立的，它们有一定的交叉，都涉及体育教学内容设计、体育教学目标设计、体育教学方法设计、体育教学手段设计、体育教学媒体设计、体育教学策略设计等多个方面。所以，不管是设计学段体育教学计划、学年、学期体育教学计划、单元体育教学计划，还是课时体育教学计划，都必须包括以上几个方面的内容。

五、体育教学设计的主要内容

（一）对学生学习需要和发展需要的分析

在进行体育教学设计的过程中，要做的第一个工作就是对体育教学系统的环境进行分析，这里面最重要的内容就是对学生学习需要和发展需要进行分析。之所以将其列为首要任务，是因为只有在对学生的学习需要和发展需要进行了客观分析的基础上，才能提出合理的体育教学目标并进行科学的体育教学设计。所以，体育教学设计的第一个工作就是要明确学生"为什么而学""为什么必须学"的问题。

（二）对学习内容的分析

除了以上所讲的对学生的学习需要进行分析，在体育教学设计中还要对学生

---

① 舒盛芳，高学民.体育教学设计［M］.上海：复旦大学出版社，2013.

的学习内容进行分析，具体包括学生需要学习哪些知识和技能，要达到什么程度和水平，体育教学的过程之中可以形成何种能力等。需要注意的是学习需要的分析与学习内容的分析密切相关。对学习需要的分析分析的是学生"为什么而学"的问题，对学习内容的分析则分析的是教师针对学生的学习需要和发展的需要决定"让学生学什么"的问题。

（三）对学生的分析

大量的研究表明，教师对学生当前具备的知识技能的了解程度是教学成败的关键。鉴于这一点，要想制定一个科学合理的设计方案，就必须分析学生进入学习前的准备状态，包括学生的身心特点、某项技能的基础等。

（四）体育教学目标的设计

在对学生的需要、学习内容和对学生自身情况分析进行分析之后，就进入了对体育教学目标进行设计和编写的程序。我们不要轻易忽视教学目标的作用，明确而具体的教学目标是制定体育教学策略和选择体育教学媒体的指导思想，同时也是体育教学评价的依据。

（五）教学策略的设计

体育教学策略设计是体育教学设计的核心和重点。体育教学策略主要包括以下几个方面：课程的类型和结构、教学的顺序和节奏、教与学的活动、教学的形式、教学的时空安排、教学活动实现对策等。体育教学策略主要解决体育教师"如何教"和学生"如何学"的问题。

（六）教学媒体的设计

随着科学技术的不断发展，体育教学的手段也越来越受到重视，在体育教学中，目前可选的教学媒体可谓五花八门，这就要求教师根据体育教学的需要选择最适当的体育教学媒体。各种体育教学媒体各有所长，因此在教学设计时应遵循"经济有效"的原则来选择教学媒体。教学媒体选择以后，就进入了将教学内容与方法转换为书面的或视听的等具体详细、具有可操作性的实施方案这一程序。

（七）教学过程的设计

除了教学目标、教学内容等要素，设计科学合理的教学过程也是必不可少的。设计体育教学过程，可用流程图的形式，简明扼要地表达各要素之间的相互关系，直观表达体育教学的过程，给体育教师提供一个可供参考的体育教学设计方案。

（八）教学评价

体育教学设计完成之后，就可以得到一个教学方案。教学方案在实施之前，要考虑设计的方案能否带来理想的教学效果，对学习需要、学习内容和学习者的分析是否正确，体育教学目标的确定是否明确、具体，体育教学策略的设计是否准确，体育教学媒体的选择与设计是否有效等问题，就必须对体育教学设计的成果进行评价。评价可采用形成性评价，就是在体育教学设计实施之前，先在小范围实施，了解教学设计的可行性、有效性、实用性等。如果不能达到预期目标，则要重新设计方案，直至合理。①

六、体育教学设计的依据

要想使得教学设计达到良好的效果，必须依据体育教学的理论、系统的方法、教学的载体、学习的主体、教学的规律等，综合考虑多方面的因素来进行，主要包括以下几方面。

（一）体育教学的基本理论

所谓体育教学的基本理论，是指对体育教育的规律性总结，它是指导体育教学设计由经验层次上升到理性、科学层次的一个基本前提。科学的体育教学理论是对体育教学规律的客观总结和反映，既然如此，那么根据科学的体育教学理论所设计的教学活动方案，便应该作为指导体育教学的计划性文件。在现代体育教学中，体育教学设计的教学方案和措施不仅要符合体育教学的基本规律，同时还要符合学生的实际情况。但是在具体的操作过程中我们能够发现，有一些体育教师并不懂得如何在体育教学理论的指导下对教学做出详细规划，这就导致他们在

---

① 舒盛芳，高学民.体育教学设计［M］.上海：复旦大学出版社，2013.

体育课堂教学中随意发挥，使体育教学的过程陷入无序或者混乱状态，这样一来体育教学质量可想而知。即使是那些有经验的教师，如果不注重系统理论的指导，也容易陷入经验主义的泥沼，导致教学效果不理想。因此，体育教师只有自觉运用体育教学的科学理论指导体育教学设计，课前进行精心的设计才有可能使体育教学摆脱狭隘的经验主义窠臼，才有可能使体育教学过程的实施与调控处于最佳化状态，才有条件获得教学实施过程的最优化效果。

（二）系统论的科学方法

系统的科学方法要求研究者在研究事物的过程中，把研究对象放在系统的形式中，从系统观点出发，从系统和要素、要素和要素之间的相互联系和相互作用的关系中综合地、精确地考察对象，从而取得解决问题的最佳效果。[①]

系统的科学方法摈弃了那种静态、片面分析的研究方法，将重点放在分析客体的整体属性上，将目光聚焦于其动态的多种多样的联系和结构上。众所周知，教学系统是一个由多种教学要素构成的复杂系统，各教学要素间存在着密切的联系和多种作用方式，因此采用系统的方法对教学系统中的各个要素的地位和作用进行分析，能够使各因素得到最紧密的、最佳的组合，从而优化课堂教学效果。这不仅是教学设计的一个基本特征，也是教学设计成功与否的关键。因此，在实际的教学设计过程中，教学设计者应自觉遵循系统科学的基本原理，以系统方法指导自己的设计工作，在此基础上不断提高教学设计的水平。

（三）教学的规律

从根本上来讲，满足体育教学实践活动的需要是体育课程教学设计的全部意义之所在。

在具体的体育教学过程中，体育教学活动的实际需要主要体现于教学的任务和目标中。因此，体育教学工作者在进行体育教学设计时，要想完美地完成体育课程教学任务，最终实现体育课程教学目标，就应该切实遵循体育教学规律，通过精心的、高水平的教学设计为体育教学活动提供最优的行动方案。因此，体育教学设计最基本的依据之一就是体育课程教学活动的基本规律，这是体育教学设

---

① 赵静，马莹，马玉龙.体育教学理论问题与实践应用［M］.长春：吉林大学出版社，2013.

计的根基。

（四）体育教学内容

体育教学内容主要包括体育教育的基本理论知识、体育健身的方法、运动技术、思想品质教育等体育教学要素和深厚的文化内涵。体育教师通过教学内容的"教"和学生对教学内容的"学"这一过程，使学生学习、掌握体育教育的基本理论知识、体育健身的方法、运动技术，提高学生身体的运动能力水平和形成良好的运动技能，并使学生在体育课程教学实践活动的参与过程中培养良好的锻炼身体习惯和优秀的思想品质。由此可以看出，体育教学内容从本质上起到了体育教学实践活动的载体作用。

教学内容的组成部分主要包括内容的实体（课程）和内容的载体（教科书）。体育课程和教材是体育教师根据社会的要求、人的健康发展需要而形成的体育教学学科体系和进行教学活动的需要进行优选、编撰而形成的，具有深厚文化内涵与重要的教育意义。因此，在体育教学过程中，教学内容起着至关重要的作用。通过教学内容与教学过程之间的关系我们可以看出，教学内容是进行教学实践活动的载体，教学实践活动离不开教学内容，教学内容是体育课程教学设计的主要依据，在制定体育课程教学设计方案时必须依托于教学内容。

（五）学生实际情况

如前所述，在教学设计中，学生的学习需要是第一个需要考虑的因素，教学设计的主要依据是学生的情况。在体育教学实践中，在充分发挥教师主导性作用的基础上，应该强调以学生为中心，教育学生学习、掌握和应用体育的基本理论、体育运动的基本技术和健身方法，形成良好的运动技能和体育健身习惯。在具体的教学过程中，要注意将教师的"教"和学生的"学"有机结合起来。我们应认识到，教是为了学，学是教的依据和出发点，教师的教必须通过学生的积极主动的学才能发挥其有效作用。

作为教学活动的设计者，教师在决定教什么和如何教时，应当全面考虑学生的实际情况、学习的需求、认识规律和学习兴趣，着眼于引导、指导、帮助、促进学生的学习并使学在学习的过程获得体育的知识，形成体育运动和体育健身的技能、养成锻炼身体的良好习惯和树立终身体育的意识。这正如加涅所指出的：

"校舍、教学设备、教科书以及教师绝不是先决条件，唯一必须假定的事是有一个具备学习能力的学生，这是我们考虑问题的出发点。"

（六）教师的素质与教学能力

在体育教学过程中，教师的人文素质、业基础理论水平、体育运动技能、教学能力与教学方案的设计、实施过程及教学结果都产生必然的"因果关系"，因此说，教师的素质与教学能力是教学设计的重要依据之一。那么，在教学方案的设计中，如何提高体育教师的素质，在教学实践中如何充分发挥教师教学的主导性作用便成为了体育教学设计的核心问题。

在一定意义上，从教师"教"的角度出发，教师的素质与教学能力是教学设计的出发点。

在教学实践中，即使教学方案设计得多么科学、严谨、合理，如果没有优秀的教师来使其付诸实践，也无法达到预期的教学效果。因此，在教学设计中，要考虑教师人文素质、专业基础理论水平、体育运动技能、教学能力的层次，将教师的素质、教学能力与影响教学设计的多因素进行综合计划，使体育教学的理论和方法与教师的素质、教学能力结合起来，才能使教学设计的科学性、艺术性和教师的具体因素形成有机的统一。

（七）体育教学的环境与氛围

大量的体育教学研究表明，决定体育教学效果的因素不仅包括教师如何教、学生如何学，还与教学环境与氛围有着密不可分的关系。这里所说的体育教学环境主要包括体育教学的物质环境（体育课程教学时的场地、器材、教室、媒体等硬件设施）和精神环境（教学氛围），即课堂教学气氛。

课堂气氛是在教学过程中产生、发展起来的，它是教学活动顺利进行的心理基础，也是进行学习的良好条件。在教学过程中，课堂气氛起着很大的作用，无论是成功的教学，还是失败的教学，其中都有课堂气氛的功与过。

夸美纽斯曾经指出："兴趣是创造一个欢乐和光明教学环境的主要途径之一。"作为教学结构的重要组成部分，教学氛围对教学的作用是不容低估的。良好的课堂气氛可以使教学过程形成有组织、有节奏、有强大感染力和控制的和谐运动。良好的课堂气氛是指在课堂中师生之间和学生之间围绕教学目标展开的教与学的活动而形成的某种占优势的心理综合状态。良好的课堂气氛给教师和学生愉悦的刺激，使教学双方精神焕发，思维活跃，灵感迸发；教师和学生在教学过程中产生情感交融和心理互动，配合默契，使教师的最佳教学状态和学生的最佳学习状态相融合，充分激发与发挥教学双方的潜能，良好的教学氛围能使课堂明朗、轻松、愉悦，从而较好地完成教学任务。[①]

因此，在体育课程教学设计中，教师要充分认识到教学的环境氛围对体育教学实施过程的影响，积极创设有利于体育教学的环境和氛围，使良好的体育教学环境和氛围与其他影响体育教学系统的要素形成有机的结合，科学地策划体育教学的实施方案，提高体育课程教学设计的质量。

---

① 赵静，马莹，马玉龙.体育教学理论问题与实践应用［M］.长春：吉林大学出版社，2013.

第二章　体育教学设计与基础理论

第一节　系统理论

一、系统论的起源

中国古代劳动人民和思想家最早实践了系统思想，产生了古代系统观。[①]而且在古代已经有了伟大的实践，如田忌赛马、江堰水利工程这些都运用到了系统的理论思想。

知识链接：

田忌赛马

在公元前260年，齐威王和大臣田忌赛马，双方各出上、中、下三匹马，齐王的马略强，开始田忌三战皆败。后经谋士孙膑指点，重新排列马匹的出场顺序，以下马对王上马；中马对王下马；上马对王中马，最终以两胜一败获胜。田忌在整体弱于齐威王的情况下，通过比赛策略的改变而扭转乾坤，最终取得胜利。

都江堰

四川都江堰是李冰父子以其宏阔精妙的系统思路完成的闻名中外的古代水利工程。都江堰共程实际上是南鱼嘴分水堤、飞沙堰溢洪道、宝瓶口进水口三个子系统构成的系统。三个子系统缺一不可：没有"鱼嘴"，岷江上游带来的大量泥沙就不能排入外江；没有"宝瓶口"特殊构造的束水作用

---

① 许彧青.工业设计理论与方法［M］.哈尔滨：哈尔滨工程大学出版社，2014.

和"离堆"的顶托，江水就形不成回旋流，泥沙就越不过"分沙堰"；没有"分沙堰"，"宝瓶口"就会被大量泥沙堵塞，岷江就无法通过这个"龙头"流向下游平原。

二、系统的含义

系统论认为世界上的一切事物都是作为各种各样的系统而存在。任何事物、现象、过程都自成系统。什么是系统？"系统"一词出自希腊语"systema"，表示群或集合的概念。但是对于系统的概念还没有一个确切的表述，一般认为"系统是由两个以上互相区别又互相联系的单元结合起来，为完成特定功能的有机结合体"。每一个单元可称为一个子系统，系统与系统的关系是相对的，一个系统可能是另一个更大系统的组成部分；而一个子系统也可以继续分为更小的系统。[①] 系统论的创始人贝塔朗菲则认为系统是"相互作用的诸要素的复合体"。系统就其本质来说，就是元素及其关系的总和。

三、系统构成条件及分类

系统大到一个国家、地球、太阳系、银河系……小至一个原子、分子……自然界由无数大大小小的系统构成，人类社亦是如此。一座城市、一个工厂、一所学校、一项工程、一部机器、一个人……都可以把他们看成一个系统。可见，"系统无处不在，万物皆成系统"。

系统的构成至少要满足一下三个条件：

（1）要有一定的元素，其中因分析的需要，而把其主要的元素称其为要素；

（2）要有一定的结构，即元素之间的相互联系，元素之间没有联系，不能构成系统；

（3）要有一定的环境，系统是一定环境中的系统，它在一定的环境作用下，又作用于一定的环境，没有环境也就没有系统。系统的组成部分所包含的内容将以系统设计者的需要而定。

由于系统的分类标准存在差异，因此系统有不同的分法：

（1）根据系统的组成内容不同，可将系统分为物质系统、社会系统等；

---

① 陈建斌.电子商务与现代物流［M］.北京：中国经济出版社，2008.

（2）根据系统的生成原因不同，可将系统分为自然系统、人工系统；

（3）以系统的形式或从它的复杂程度来分，可将系统分为小型系统、中型系统等；

（4）从系统与时空的关系上划分，可将系统分为静态系统、动态系统；

（5）从系统与环境的关系上来划分，可将系统分为封闭系统、开放系统；

（6）从功能上分，可将系统分为控制系统、封闭系统等。[①]

四、系统的特性

（一）集合性

任何一个系统都是一个有组织的整体，它是单一事物的集合。对于某一系统来说，它的组成部分即系统的构成要素，整个系统就是由这些可以相互区别的要素而组合而成的。

（二）整体性

系统是由两个或多个可以相互区别的要素，按照作为系统整体所应具有的综合性而构成。系统不是各个要素的简单相加，它们是按照逻辑统一性的要求而构成的整体，否则它就不具有作为整体的特定功能。因此，虽然每个系统都存在一定的缺陷，[②]但它们可以构成具有良好功能的系统。相反，即使每一个要素都很完善，如果不能形成良好的功能，也不能称之为完善的系统。系统的功能要大于各要素之和的功能。

（三）相关性

系统内各要素之间是相互联系、相互作用的，在这些要素之间具有某种相互依赖的特定关系。例如，对于体育教学过程而言，体育教师、学生、体育课程和教材、体育教学手段等是构成体育教学过程的结构性要素，它们之间通过有种关系有机的联系在一起，形成了具有特定功能的体育教学过程系统。

---

① 杜俊娟.体育教学设计［M］.北京：北京体育大学出版社，2007.

② 王丽娟，等.教学设计［M］.海口：南海出版公司，2003.

（四）目的性

任何系统都是指向特定的目标，通过系统功能，完成特定的任务。比如说体育教学设计的目的，就是为了追求体育教学效果的优化，提高体育教学效率和体育教学质量，使学生能够学习和掌握更多的体育知识与体育技能，大幅度地提高学生的体育运动能力，使其获得良好的发展。

（五）环境适应性

系统的环境是指那些影响系统性质或行为的事物，要使生命系统具有生命力，就离不开系统与环境的交互作用。即系统与外部环境之间存在着相互作用，系统要适应外部环境的变化。环境与系统的关系表现在两个方面：一是环境为系统提供一定的物质、能量要素（如信息等）。这些要素在很大程度上决定了系统的性质；二是环境对系统产生了一定的限制，便于系统的运动。

（六）反馈性

反馈性指的是从系统的环境中所收集到的有关系统产物的信息，特别是那些与产品的优缺点有关的信息或者由系统产生错误所导致的信息。系统是通过反馈这一环节，使自己处于一种相对稳定的状态。

简而言之，系统论对体育教学设计的贡献主要有：一是为制订计划和解决问题提供了系统工具，如流程图等；二是为体育教学设计提供了系统分析方法，用以分析体育教学设计系统各要素，以及制约体育教学设计更大的系统（教学系统、教育系统、设计系统等）对体育教学设计所产生的影响。[①]

五、体育教学系统的构成

教学系统是教育系统的子系统，是指为了实现某种教学目的，由教学要素有机结合而成的具有一定教学功能的整体。[②]体育教学系统是由学生、体育教师、体育教学内容、体育教学方法、体育教学媒体、教学评价等要素构成的，它们又都

---

① 佟晓东，刘铁.体育教学设计与实践［M］.沈阳：东北大学出版社，2009.

② 蒋立兵.现代体育教育技术［M］.武汉：中国地质大学出版社，2012.

可分别被视为体育教学系统中的子系统。

（一）学生

学生是体育教学的对象，没有这个要素，教学就失去了目的，就变成没有意义的活动。学生是知识与经验的获得者，是学习活动的直接承担者，也是教学成效的最终体现者。学生学习的成败在很大程度上取决于学生的智力水平、知识结构、学习策略以及学习动机、学习态度等因素。

研究表明，学生的智力水平与学生成绩呈中等程度的正相关，智力水平对学习数量和质量有影响，但并不是决定学生成绩的唯一因素，学生的智商与所取得的成绩并不完全一致。同等智力条件下，造成学生成绩显著差异的是情感品质。因此，教师在发展学生智力的同时，还应激发学生的进取心和求知欲，培养他们坚强的意志和健康的情绪，养成负责、认真、求实的优良学习品质。

在学生这个教学对象中，就其个体来说，既包含体育知识和锻炼方法、智力、体能、运动技能、社会适应能力等要素，也包含主观努力程度方面的要素。在体育与健康课程标准的六个水平目标的教学体系中，学生群体既有普遍性的要素，又有特殊性的要素。

教学系统理论对教学设计的贡献在于强调教学的整体性，指出教学设计的重要内容就是教师要根据教学目标，对教学系统的各要素进行恰当的搭配组合以达到最优化的教学效果。而教学设计把教学系统作为一个整体来进行设计、实施和评价，使之成为具有最优功能的教学系统。[①]

（二）体育教师

体育教师是教授者，离开这个要素，没有人来教，也就不能构成体育教学活动，从而不能构成体育教学的双边关系。[②]在体育教师这个教授者中，既包含体育知识、运用体育方法和教学媒体的能力等要素，也包含主观努力程度方面的要素。对体育教师集体来说，既有带头人、骨干和助手等要素，又有老年、中年和青年等要素。

① 高明.中学美术教学设计与案例分析［M］.西安：陕西师范大学出版总社有限公司，2015.

② 杜俊娟.体育教学设计［M］.北京：北京体育大学出版社，2007.

（三）体育教学内容

体育教学内容是一定体系内的体育与健康科学知识、体育锻炼健身的方法和运动技能体系，主要表现为教材。离开这个要素，体育教师不知道教什么内容，学生也不知学习什么东西，就不能构成体育教学活动。

体育教学活动的每个侧面都有不同的要素。从体育教材本身来说，不但包含教授体育与健康知识、技能的要素，而且包含发展学生智力和促进学生社会适应能力和体育情感的要素；就其与学生的关系来说，既包含已知的要素，又包含未知的要素，既包括已经获得的运动技能，又包括有待发展的运动技能。

（四）体育教学方法

体育教学方法是指为达到体育教学目的，教师和学生所采取的方式、途径、手段、程序的总和。

从宏观上讲，常用的体育教学方法主要有五大类，如表 2-1 所示。

表 2-1　体育教学方法宏观分类

以语言传递信息为主	以直接感知为主	以身体练习为主	以比赛活动为主	以探究性活动为主
讲解法	示范法	分解练习法	游戏法	发现法
问答法	演示法	完整练习法	比赛法	问题探究法
讨论法	保护与帮助法	循环练习法	情景法	小群体学习法

体育教学方法体系中的每一类方法都对提高体育教学质量具有特定的功效和重要的使用价值。但任何体育教学方法都不是万能的，它需要教授者要从根本上把握各种常用体育教学方法的特点、功能、适用范围和条件以及运用时需要注意的问题，并使其在体育教学实践中有效地发挥作用。

（五）体育教学媒体

媒体一词被理解为储存、传递信息的媒介或工具。他的英文为"media"，来源于托丁语，意思是知识实体在转换过程中，从信息源到接受者之间携带和传递信的路径载体或媒介工具。① 体育教学媒体是在体育教学过程中师生交换信息时

---

① 邢文利.高校课堂教学的理论与实践［M］.北京：中国文史出版社，2015.

承载和传递信息的工具。体育教学活动是师生间信息交换和加工的过程，离开了媒体（如口语、文字、视觉形象等），信息交换就会中断，也就无法构成体育教学活动。[①]

体育教学媒体既包含视觉要素（语言、文字、动作示范）、实体要素（图片、模型、电影、电视、录像、电脑模拟），并且独立成为系统。

以上简单介绍了进行体育教学活动必须具备的五个要素。体育教学是在体育教学目标的支配下，由这五个要素组成的一个具有整体功能的有机统一体。所不同的只是构成要素的素质和它们的结构各异，以致形成的整体功能有所差别。正像各个部件是构成一架机器的物质基础一样，上述这些要素就是构成体育教学系统的物质基础。离开它们，教学系统就会成为虚幻的"空中楼阁"。[②]

六、体育教学系统的特性

体育教学系统是以人的集合为主，又包括了信息和媒体的复杂系统。它既有复杂系统的共同特性，又有体育教学活动本身的特性，具体表现如下。

（一）相关性和整体性

教学系统不是各个要素之间的堆砌，而是具有新功能的一个整体。组成体育教学系统的各要素不是孤立存在的，而是为了达到体育系统的基本功能而相互密切地联系在一起的。例如，在体育教学中，体育教师既是体育知识技能和体育锻炼方法的传授者，也是体育教学活动的组织者和学生学习的引导者，但是如果学生离开了体育教师就只能是一个自学者。同样的道理，教师失去学生就失去了教学对象，就变成一般的传播者。[③]在体育教学中，体育教学内容是体育教师教和学生学的客观依据，要借助于某些体育教学方法和体育教学媒体来传播。体育教学方法和教学媒体更是相辅相成、互为依托的。这五个要素相互有机地关联在一起，使体育教学系统保持了本身的质的规定性。体育教学系统具有的整体水平的功能是其各个组成部分所没有的。

① 佟晓东，刘铁.体育教学设计与实践［M］.沈阳：东北大学出版社，2009.

② 杜俊娟.体育教学设计［M］.北京：北京体育大学出版社，2007.

③ 杜俊娟.体育教学设计［M］.北京：北京体育大学出版社，2007.

（二）目的性和控制性

由相互联系的各要素构成的体育教学系统是围绕着体育与健康课程目标运行的。即体育教学系统是为了向学生传播系统的体育与健康的科学文化知识而建立的，帮助学生学会锻炼身体的方法，促进学生身心全面发展。它明确了体育教学目的，有利于提高体育教学系统的有序性，使进入体育教学系统的各要素具有共同的运动方向，从而能有效地实现体育教学系统的既定功能。同时，体育教学系统既定目标的实现是需要有协调的控制机制的，因为一个系统要获得所需要的功能，维持正常运行，必须对各要素进行控制。[①]控制的基本条件是反馈，在体育教学系统中，通过体育教学评价为系统运行提供反馈信息，使体育教学系统做到有的放矢，达到预期的目的。

（三）复杂性和开放性

体育教学系统有着众多的构成要素，各要素在一定程度上存在不确定性，相互之间的关系又纵横交错。以体育教师和学生这两个主体要素为例，其教与学的效果取决于各自的传播沟通技巧、知识、技能、身体素质水平、教与学的态度、健康状况、社会和文化背景等。其相互作用需要由一系列的体育教学目标、体育教学内容、体育教学原则、体育教学方法、体育教学媒体等来维系。加之体育教学在体育场馆中进行，体育教学系统的运行环境复杂，致使体育教学系统的结构和运行过程也都显得十分复杂。体育教学系统还需要通过不断与环境交换能量和信息来实现自我维持，它的构成和运行受社会的政治、经济、科技、文化、教育等发展的约束或影响，同时又对这些社会因素产生反作用，而且体育与健康课程又与全面健身、竞技体育密不可分。[②]因此，体育教学系统又是一个开放的系统。

（四）成长性和动态性

社会的高度发展，它对人才培养质量的要求也逐渐提高。反映到体育教育上，就需要有高水平的体育师资，有适应社会发展的体育教学内容，有体现科技水平

---

① 章伟民.教学设计基础［M］.北京：电子工业出版社，1998.
② 杜俊娟.体育教学设计［M］.北京：北京体育大学出版社，2007.

的体育教学媒体。在体育教学系统中，体育师资水平的不断提高，学生学习和发展的不断进步，体育教学内容的不断更新，体育教学媒体的不断多样化，说明了体育教学系统具有高度的成长性。实际上这也反映了体育教学系统动态的特性。一方面，既要通过制订一系列的计划、条例、原则来维持体育教学系统的相对稳定性，另一方面又要在环境变化的要求、推动下产生创新的动机，创造出新的体育教学思想、体育教学模式、体育教学方法、体育教学媒体，才能使体育教学系统的构成要素表现出一种动态平衡，从而使体育教学系统在渐变中持续发展。[①]

体育教学活动是一种社会实践活动，它不仅自成系统，同时也是学校教育系统中一个子系统。因此，要想通过"低耗高效"的体育教学过程获得最佳的体育教学效果，我们必须依据系统理论的指导设计出优质的体育教学方案。依据系统理论的思想和观点，我们不仅要把体育教学过程看成一个系统，而且要把体育教学设计也视为一个系统。体育教学设计根据系统论的思想和方法把设计全过程分为三个大环节：体育教学设计的背景分析、体育教学设计的过程以及体育教学设计的评价。这三个环节之间结构严谨，关系密切，共同构成了体育教学设计的系统。同时，每一个环节又包含了不同的要素，如体育教学设计的背景分析主要包括体育与健康课程目标体系的解析、体育教材内容的分析、学生学习需要的分析、学生分析和学习环境的分析，它们之间相互联系，共同成为体育教学设计的前提和基础；体育教学设计的过程由教学目标的设计、教学策略的设计以及教学过程的设计这三个相辅相成、相互影响的方面构成，是体育教学设计的核心环节；体育教学设计的评价包括形成性评价和总结性评价两个方面，通过反馈、修正共同影响着体育教学设计，是体育教学设计的有效保障。

总之，体育教学设计是一个复杂的系统，它受诸多教学要素的影响和制约。因此，我们只有从系统理论所提供的思想和方法出发，研究体育教学设计的过程，同时了解体育教学设计各要素的结构、功能和特点并整合各要素的功能，深入了解各要素之间的关系，并通过严密地分析和精心地策划，充分发挥各要素对体育教学设计的良性作用，才能设计出高质量的体育教学方案。[②]

① 佟晓东，刘铁.体育教学设计与实践［M］.沈阳：东北大学出版社，2009.

② 杜俊娟.体育教学设计［M］.北京：北京体育大学出版社，2007.

第二节 传播学理论

一、传播学理论含义

传播（Communication）是人类社会普遍存在的信息交流的社会现象。大约400万年前，当类人猿进化为直立行走、手足分工、能够思维的原始人而成为万物之灵的时候，人类传播就从自然传播现象和动物传播行为中分离出来，成为人类生存的一种基本方式。人类在发展进化的历史过程中，不但凭着自身器官——眼、耳、鼻、舌、身所组成的感官系统来感知外部环境，进行相互的了解、沟通，而且逐渐创造出了文字这样一种抽象的语言符号来记录口头语言，交流思想感情，使人类的传播能力跃入一个崭新的历史阶段，开始了人类有文献记录的历史时代。传播是自然界和人类社会普遍存在的信息传递过程。传播学是一门研究人类传播行为的科学。[1] 在20世纪40年代末人类就开始研究传播理论，研究内容从最初的新闻学所研究的"新闻传播"发展到"信息传播"，并逐渐从社会学、心理学、政治学等学科中分离出来。

从某种意义上说，教育也是一种传播活动，它是按照确定的教学目标，通过教育媒体，将教学内容传递给教育对象的过程。大众传播的许多理论应用到教学上来，已经取得了明显的教学效果，因此，传播理论也是体育教学设计的基础理论之一。传播理论对体育教学设计产生着重要影响，因为体育教学过程就是一个信息的传播过程。传播理论揭示了体育教学过程系统中各要素之间的动态联系和相互关系，描述了体育教学系统中信息的传播过程，为体育教学设计者进行体育教学设计提供了理论支持。[2]

信息传播系统都涉及4个最基本的要素：传播者、信息、途径、受传者。

①传播者（Communicator）：是指传播信息的个体或群体，可以是人类社会

---

① 杜俊娟.体育教学设计［M］.北京：北京体育大学出版社，2007.

② 佟晓东，刘铁.体育教学设计与实践［M］.沈阳：东北大学出版社，2009.

中任何一位成员（个人或组织），像记者、新闻出版机构、图书情报工作人员等。因此信息的传播具有普遍性和多样性的特征。

②信息（Information）：是指所要传播的内容。

③途径（Channel）：又称通道，是信息传播系统的保证因素。自然界中各种物体的信息传播往往是某些媒介物质，而社会领域中的传播途径是由人力和传播设施构成的。如出版发行部门、邮电通信部门以及一切可以传播信息的载体和运输工具。信息传播的途径具有多向性和交叉性，这与传播者的多样性有关，因此传播的途径不可能是单一的，信息传播系统也就变得越来越复杂化。

④受传者（Communicatee）：又称受众、传播对象等，是信息的接受者。同信息的传播者一样，它也具有普遍性，可以是个人，也可以是社会组织、团体。受传者在信息的接受上有较强的针对性和选择性。对受传者的研究，可以评价信息传播的效果。

二、传播信息的定义以及信息的传递

信息是指反映客观世界中各种事物的特征和变化的组成。在日常生活中，人们对信息有三种不同的理解：第一种是作为通信的消息来理解；第二种是作为运算的内容而提出的；第三种是作为人类感知的来源而存在的。

威尔伯·施拉姆（Wilbur Schram）是传播学科的集大成者和创始人。人们称他为"传播学鼻祖""传播学之父"。他建立了第一个大学的传播学研究机构，编撰了第一本传播学教科书，授予了第一个传播学博士学位，也是世界上第一个具有传播学教授头衔的人，[①]而且提出了有意义信号的传播和接收的模式。

意义信号的传播和接收的模式具有四个要素即信息发送者、信号、信息通道、信息接受者。首先，信息发送者通过各种媒体，使用语言，借助手势、表情、语调等方式发送信息，这些信息包含了发送者的文化、经验、态度、能力等。但所发送的信息不能被接受者全部接受。因此，所发送的信息必须经过某种形式的编码，被编码后的信息通过信息传播通道传播出去。信息传递有不同的通道，声波作为听觉通道，广播作为视觉通道。何种信息选用哪种信息传播的通道，才能获得最佳的效果，是体育教学设计者选择媒体时应着重考虑的。

---

① 桂青山.影视学科资料汇评 影视创作与批评编［M］.北京：北京师范大学出版社，2011.

然后，信息接受者对接到的信息进行解码，并对其附加一定的意义。能否有效地完成这个过程，取决于信息接受者的经验背景、个性特征、价值观等，这些因素会影响到信息接受者对信息的细节的感知与和注意。信号呈现的质量也会影响到完成的过程。威尔伯·施拉姆（Wilbur Schram）认为，只有在信息传播者和信息接受者的经验领域重叠的部分，传播才是有效的。从传播模式中可以看出，有效的传播不仅是发送信息，还要通过反馈途径，从接受者那里获取反馈信息，以便据此调整发送出去的信息。在信息传递的全过程中，信号的质量可能受到噪声的干扰，极易导致传播失误或接收困难。因此，在体育教学设计时，必须考虑噪声的消除问题。

三、信号的形式及结构

信号的形式和结构影响着信息的接收这里需要注意三个问题：信号的组织、语言的作用和能够引起注意的信号特征。语言是构建信号的基本因素，大部分信息都是可以用词或者句子进行编码的。[①]语言为组织信号提供了一种结构方式，人们可利用语言对信号进行编码和组织，也可用其对信号进行解码。

传播过程中还有一个关键因素即信号中所包含信息的组织化程度。对于那些有序的、结构和图式丰富的、相互之间密切联系的信息容易被人记忆与提取，而那些无序的信号由于缺乏结构而容易被人遗忘。这里我们还要考虑一个问题，那就是信号的传播速率对信号负载量的影响。快速传递的信息对接收者施加了更重的信息负载。一般认为，接收者控制信号的程度越高，传播的效果越好。

信号的形式和结构中还有一个要考虑的问题是，信号要能够吸引接收者的注意力。因此，体育教学设计者必须对信号精心设计，而且还要排除影响接受者注意和编码的那些刺激信号，所以，选择何种体育教学媒体是十分重要的。

四、传播的背景

瑞奇根据利特炯（Littlejohn）的观点，将传播发生的背景划分为个人之间的、小组中的、机构中的和大众媒体的四类。个人之间传播的原因有人际关系、需要等。体育教学活动常以小组的形式进行，在小组传播情境中，具有相互依赖、较

---

① 彭健民.体育教学设计［M］.长沙：湖南教育出版社，2005.

强的目的性、密集形式的传播等三种特性。据此，可以分析小组的相互之间传播的情况。如果要影响机构的传播状况，必须了解机构的传播模式和有影响力的管理者。大众传播的特点是单向快速，信息接受者可控制信号的接收，以上这些方面的知识对进行体育教学设计是有帮助的。

　　以上我们概括地介绍了传播理论的基本思想和观点，这些基本思想和观点都可以应用到体育教学设计中去。第一，体育教学设计可应用传播理论的一些具体方法。例如，对学生的分析，其宗旨就是要了解学生原有的经验、兴趣和动机等。以便使信息发送者（体育教师）清楚信息接受者（学生）的基本情况。传播模式中的反馈是为了了解信息接受者（学生）是如何解释所发出的信息，接收的效果如何。体育教学设计也必须通过反馈针对学生的需要，科学合理地修改体育教学信息，使传送的体育教学信息更有效。第二，传播理论十分重视传播媒体的分析和选择，不同的媒体将产生不同的传播效果。体育教学设计也十分重视体育教学媒体的分析和选择，因为体育教学媒体是传递体育教学信息的通道，哪种通道便于学生理解和接受体育教学信息，哪些通道有利于提高体育教学效率和效果，这些都是进行体育教学设计时必须加以考虑的。同时，应用传播理论可以使体育教学设计者科学地考察学生接受信息的能力，以便有效地提高学生理解和接受体育教学信息的能力和水平。

五、传播理论对体育教学设计理论支持的休现

（一）传播过程的理论模型说明了体育教学传播过程所涉及的要素

　　美国政治家哈罗德·拉斯韦尔（Haold Lasswell）在 1948 年提出的传播过程的模型中，简要阐述了传播行为包括的五个要素：谁（Who）、说什么（Say What）、通过什么渠道（In Which Channel）、向谁说（To Whom）、有什么效果（With What Effect），又称"五 W 论"。这是最早见诸于文字的传播模式，如表 2-2 所示。

表 2-2　5W 传播过程的理论模型与体育教学传播过程所涉及的要素

5W	体育教学传播过程涉及的要素
Who（谁）	体育教师或其他教学信息源
Says What（说什么）	体育教学内容
In Which Channel（通过什么渠道）	体育教学媒体
To Whom（对谁）	体育教学对象
With What Effect（产生什么效果）	体育教学效果

此模式阐明了信息传播的一般原则，是对传播活动过程中基本要素之间关系的最直观和最简洁的描述。从中我们得到传播研究的五大内容：

（1）控制分析：研究"谁"，也就是传播者，进而探讨传播行为的原动力。

（2）内容分析：研究"说什么"，也就是传播的信息内容以及怎样说的问题。

（3）媒介分析：研究传播通道，除了研究媒介的性能外，还要探讨媒介与传播对象的关系。

（4）对象（受众）分析：研究庞大、复杂的受播者，了解其一般和个别的兴趣与需要。

（5）效果分析：研究受播者在接收信息后所产生的意见、态度与行为的改变等。

这种模式属于单向流动的线性模式，这种传播模式在大众传播中得到了广泛的使用。由于它过于简单属于单向流动的线性模式，忽略了反馈的作用因此传播效果不是很好。[①]拉斯威尔的"五w"模式在现代教育技术中的运用，主要是发挥传者（教师）、受者（学生）的主动性和积极性，通过对现代教育媒体的选择和组合，将教学信息直接或间接地传递给受者，并通过实践检验证明其产生的效果，因此，该模式对现代媒体教学有一定的指导作用。

布雷多克（Bradock）1958 年发展了"7W"模型（见表 2-3），对教学传播过程又增加了以下两个要素：Why（为什么：教学目的），Where（什么情况下：教学环境）。这些要素自然也成为研究教学过程、解决教学问题的教学设计所关心和分析和考虑的重要因素。[②]

---

① 屈勇.现代教育技术［M］.成都：西南交通大学出版社，2013.

② 高明.中学美术教学设计与案例分析［M］.西安：陕西师范大学出版总社有限公司，2015.

表 2-3　7W 传播过程的理论模型

7W	体育教学传播过程涉及的要素
Who（谁）	体育教师或其他教学信息源
Says What（说什么）	体育教学内容
In Which Channel（通过什么渠道）	体育教学媒体
To Whom（对谁）	体育教学对象
With What Effect（产生什么效果）	体育教学效果
Why（为什么）	体育教学目的
Where（在什么情况下）	体育教学环境

　　体育教学设计正是在这一论点的基础上，把体育教学传播过程看作一个整体来研究，为了保证体育教学效果的优化，既注重每一组成部分（信息源——体育教师、信息——体育教学内容、通道——媒体、接受者——学生）及其复杂的制约因素，又关注了各要素之间的联系。同时运用系统方法，在众多因素的相互联系和相互制约的动态过程中，从根本上探索影响体育教学传播效果的原因，最终确定富有成效的体育教学设计方案。

　　传播最终效果不是由教学传播过程的某一要素决定的，而是由组成传播过程的四要素及其间的相互关系共同决定的。具体联系到教学中：

　　从传播者——教师看，影响效果的因素包括：

　　（1）传递技能：书写、表达技能。

　　（2）态度：自我的态度、对教学内容的态度、对教学对象的态度。

　　（3）知识水平：教授自己不懂或不了解的内容肯定无法收到好的效果。但有时知识传播不适当或难度太大，难以使学习者理解。因此，传教者不仅要了解教学内容，而且要了解教学方法。

　　（4）社会及文化背景：教师本人的社会背景、文化背景均会影响传播目的以及对事物的认识等。

　　从接受者——学生看，知识结构、学习兴趣、动机、智力水平、认知发展水平及能力倾向都对信息的传播接受起决定作用。另外，学生的身心状态也会对传播过程有影响。

　　从信息教学内容看，教学内容如何安排才合乎科学体系又能够适合教学对象的生理、心理特点，符合人的认知发展规律？教学选择什么内容，侧重哪些知识点和技能才能达到教学目标？用什么文字、符号、图像、体态语、音乐等传播信息才能取得最佳效果？

从信息传播渠道——教学方法和手段来看，不同媒体的选择以及它们与所传递的信息的匹配程度，会造成人们对感觉的不同刺激，从而收到不同效果。如静态的东西用幻灯、图片，而动态的画面用录像、电影手段效果更佳。[①]

（二）传播理论指出了体育教学过程的双向性

奥斯古德和施拉姆提出的模式强调了传播者和受传者都是积极的传播主体。所以受传者需要接受信息、解释信息，同时还要对这些信息有所回馈。这说明传播是一种双向的互动过程，借着反馈机制使传播过程能够持续不断的循环进行。体育教学信息的传播同样是通过体育教师和学生双方的传播行为来实现的，体育教学过程的设计必须重视教与学两方面的分析和安排，并充分利用反馈信息，及时进行调整与控制，以达到预期的教学目标。

传播理论对体育教学设计起到以下几方面的作用：

1.传播过程的模型说明了体育教学传播过程所涉及的要素

美国政治家哈罗德·斯维尔（H.D.Lasswall）1932 年提出，1948 年又做补充的"5W"公式清晰地描述了大众传播过程的五个基本要素和直线式的传播模式，这些要素自然也成为研究体育教学过程、解决体育教学问题的教学设计所关心、分析和考虑的重要因素。

2.传播理论揭示出体育教学过程中各种要素之间动态的相互联系，并告知体育教学过程是一个复杂动态的传播过程

美国学者贝罗（David Berlo）于 1960 年提出了 S—M—C—R 模式。该模式是以哲学、心理学、语言学、人类学、大众传播学、行为科学等学科的新理论为依据，阐述在人类传播活动过程中的各种不同要素。[②]贝尔洛模型更为明确和形象地说明传播的最终效果不是传播过程中某一部分决定的，而是由组成传播过程的信息源、讯息、通道和受者四部分以及它们之间的关系共同决定的，而传播过程中的每一个组成部分又受其自身因素的制约。从信息源（传者）和信息接受者来看，至少有四个因素影响信息传递的效果：

① 戴莹.教学设计研究［M］.广州：世界图书广东出版公司，2014.

② 张有录.信息化教学概论［M］.北京：中国铁道出版社，2012.

（1）传播技能。传者的表达、写作技能，受者的听、读技能均会影响传播效果。

（2）态度。包括传者和受者对自我的态度，对所传递信息内容的态度，彼此间的态度等。

（3）知识水平。传者对所传递内容是否完全掌握，对传播的方法、效果是否熟知，受者原有知识水平是否能接受所传递的知识等都将影响最终的效果。

（4）社会及文化背景。不同的社会阶层及文化背景也影响传播方法的选择和传播内容的认识和理解。

再从信息这个要素来看，它也受信息内容、信息要素以及信息处理、结构安排和编码方式等各种因素的制约而影响最终的传播效果。最后，从信息传递的通道看，不同传播媒体的选择以及他们与传递信息的匹配也会引起对人们感官的不同刺激，从而影响传播效果。体育教学设计正是在这一论点的基础上把体育教学传播过程作为一个整体来研究，为了保证体育教学效果的优化，既注意每一组成部分（信息源——教师、信息——教学内容、通道——媒体、接受者——学生）及其复杂的制约因素，又对各组成部分之间的本质联系给予关注，并运用系统方法在众多因素相互联系、相互制约的动态过程中探索真正影响体育教学传播效果的原因，而最终确定富有成效的体育教学设计方案。

3.传播理论指出了体育教学过程的双向性

SMCR传播模型中已经加入了反馈，奥斯古德和施拉姆在1954年提出的模型也强调了传者与受者都是积极的主体，受者不仅接受信息、解释信息，还对信息做出反应，传播是一种双向的互动过程。因此，新型的控制论传播模型的核心便是在传播过程中建立了反馈系统。体育教学信息的传播同样是通过体育教师和学生双方的传播行为来实现的，所以，体育教学过程的设计必须重视教与学两方面的分析与安排，并充分利用反馈信息，通过反馈环节随时进行调整和控制，已达到预期的体育教学效果。目前关于体育教学传播信息流的三向性（体育教学信息的传递与接受、学生反应信息的传递、接受与接收、知道结果信息的传递与接受）也是在双向传播理论基础上发展而提出的。[①]

---

① 杜俊娟.体育教学设计［M］.北京：北京体育大学出版社，2007.

4.传播过程要素构成体育教学设计过程

其相应领域如传播内容分析、受众分析、媒体分析、效果分析等研究成果也在不同程度上为体育教学设计中的学习内容分析、学生分析、体育教学媒体的选择以及体育教学评价等环节所吸收。目前，传播学的研究还在不断地发展，新成果的研究势必会对体育教学设计产生良好的影响，促进体育教学设计更快、更好的发展。表2-4为传播过程要素与体育教学设计过程要素。

表2-4　传播过程要素与体育教学设计过程要素

传播过程要素	体育教学设计过程要素
为了什么目的	体育学习需要分析
传递什么内容	体育学习内容分析
由谁传递	体育教师、体育教学资源的可行性
向谁传递	学生（教学对象）分析
如何传递	体育教学策略选择
在哪里传递	体育教学环境分析
传递效果如何	体育教学评价

第三节　学习理论

一、学习理论的含义

教学设计的发展与学习理论的研究息息相关。当前主要的学习理论有行为主义学习理论、认知派学习理论、人本主义学习理论和建构主义学习理论，并由此形成相应的教学设计观。教学设计观是在一定教学理论指导下，支配教学设计的思想和观点，主要体现在教学目标、教学内容、教学过程及教学评价方面。[①]学习理论是研究人类学习的本质及其形成机制的心理学理论，体育教学设计的目的正是为了促进学生有效地进行体育学习。体育教学设计要根据体育学生的学习需要，为学生确定体育教学目标，制定体育教学策略，选择体育教学媒体，设计体育教

---

① 高明.中学美术教学设计与案例分析［M］.西安：陕西师范大学出版总社有限公司，2015.

学实施方案，以促进学生学习体育，提高体育教学质量。要实现这一目标，就离不开学习理论的支持。学习理论相对于其他几种理论来说，对体育教学设计的影响较大。

二、几种常见的学习理论

（一）行为主义学习理论

行为主义学习理论产生于 20 世纪初期，早期经典行为主义学习理论（20 世纪 30 年代前）以华生（John Broadus Watson）的习惯说和格斯里的接近条件作用理论为代表，后期的新行为主义学习理论（20 世纪 30 年代后）以赫尔（Clark Leonard Hull）的系统性行为理论、斯金纳的操作性条件反射学说以及埃斯蒂斯的刺激抽样理论为代表。

华生认为，学习过程就是把条件刺激与条件反应组织起来，形成一定联系的过程，抑或说是行为习惯的形成过程，并提出了学习的近因律和频因律。

赫尔突破了华生只注重刺激与反应的外部观察的局限，用发生在刺激与反应之间的假设过程来说明动物的行为，使用习惯强度、内驱力、反应抑制、反应阈限等概念对学习过程进行深入系统的解释，将行为主义学习理论推向了新的高度。

斯金纳通过实验装置对动物的操作性条件反射进行研究，将反应和行为分别区分为引发反应和自发反应、答应行为和操作行为，在此基础上提出了两种学习类型：经典式条件反射学习和操作式条件反射学习。前者的联结过程是"S→R"，后者的联结过程是"R→S"。[①]

（二）认知主义学习理论基础知识

认知主义学习理论与行为主义学习理论相对立，源自于格式塔学派的认知主义学习论。随着布鲁纳、奥苏贝尔等一批认知心理学家在 20 世纪 50 年代中期之后的创造性的研究，使认知主义学习理论又进入了一个辉煌时期。这些学者认为，学习就是面对当前的问题情境，在内心经过积极的组织，从而形成和发展认知结构的过程，强调刺激反应之间的联系是以意识为中介的，强调认知过程的重要性。

---

① 卢金明.语文课程教学设计论［M］.北京：光明日报出版社，2013.

因此，在学习理论研究中认知主义的学习论在开始就占据了主导地位。

认知学习理论认为，学习不是外部环境的支配下被动地形成了S→R联结，而是主动地在头脑内部构造认知结构；学习不是通过练习与强化形成反应习惯。而是通过顿悟与理解获得期待；有机体当前的学习依赖于原有的认知结构和当前的刺激情境，学习受主体的预期所引导，而不是受习惯所支配。在未来发展中，认知主义学习理论在教育中的应用在于以下几点。

1.培养学生的元认知技能

提高认知监控能力。元认知是现代认知心理学研究的新领域。研究表明，导致学生学习成绩差异的主要原因在于元认知差异。元认知技能用在学习上，要求学生把自己的学习过程作为认知的对象。既能说出学了什么，又知道它是通过怎样的认知过程获得的，以此提高学习能力，学会如何学习。

2.提高学生的学科问题解决能力

全面促进学生专门知识的掌握。专门知识是解决专门学科问题的必要基础。教学中，教师要在深入理解知识的基础上精心筛选，组织该学科的核心知识，有目的、有计划地传授给学生。在教学中，注意突出程序性知识的地位，使其更多地引起学生的重视，并让他们有更多的机会练习应用这些程序性知识。

3.激发学生的认知动机，使个体处于良好的认知状态

认知动机是指由学生的学习活动本身所引起的学习动机。帮助学生学会学习，就是要让学生在采用有效策略与方法中提高学习效果和成功地解决问题，取得学习上的进步，增强学习自信心。由此可以获得良性信息反馈，增强学生的绩效感，使个体处于良好的认知状态，不断改进学习。[1]

（三）建构主义学习理论的基本思想

建构主义学习理论源于皮亚杰（Jean Piaget）的认知发展观，后为心理学家布鲁纳用以指导美国基础教育课程改革。它尝试兼容其他学习理论的合理观点，并赋予学习以新的内涵。20 世纪 80 年代，该理论发展迅速，派别林立，如激进建构主义、信息加工建构主义、社会建构主义等。[2]

---

① 郑世珏.智能手机的微型移动学习创新设计［M］.北京：清华大学出版社，2015.

② 卢金明.语文课程教学设计论［M］.北京：光明日报出版社，2013.

建构主义学习理论的基本内容包括学习的含义与学习的方法两方面。

1.学习的含义

建构主义认为，知识不是通过教师传授得到，而是学习者在一定的情境即社会文化背景下，借助其他人（包括教师和学习伙伴）的帮助，利用必要的学习资料，通过意义建构的方式而获得。

由以上所述的"学习"的含义可知，学习的质量是学习者建构意义能力的函数，而不是学习者重现教师思维过程能力的函数。换句话说，获得知识的多少取决于学习者根据自身经验去建构有关知识的意义的能力，而是取决于学习者记忆和背诵教师讲授内容的能力。

2.学习的方法

建构主义提倡在教师指导下的、以学习者为中心的学习，既强调学习者的认知主体作用；又不忽视教师的指导作用。教师是意义建构的帮助者、促进者，不是知识的传授者与灌输者。①

（四）人本主义学习理论

人本主义学习理论为体育教学设计提供支持。人本主义学习理论以罗杰斯的"以学生为中心"的学说为代表。他主张：学生要充分挖掘自己的潜在能力，能够愉快地、创造性地学习。其主要观点有：意义和经验的学习是重要的学习，即让学生学习对自己有意义、有价值、有好处的知识和技能；学习是愉快的事，即不应给学生加上过重的心理负担，不能用威胁、讽刺等手段强制学生学习；学生必须懂得怎样学习，即学生必须在教师的引导下主动发现、运用有效的学习方法；学生要学会自我评价，即教师要引导学生分析自己的学习历程与学习水平，而不是和别人比较；情感在学习过程中发挥着重要作用，即要发展学生的积极情感，使学生以饱满的热情投入学习。人本主义学习理论对体育教学设计的影响主要表现为：在体育教学设计中，我们要重视对学生学习需要的分析，根据学生的需要设计体育教学，使学生通过体育学习获得对自己有价值、有意义的体育与健康的知识和技能；要着重分析体育教材内容，选择和创设与学生的生活、经验、兴趣、发展及与现代社会实际相关的体育教材内容；要注意体育教学策略和体育教学过

---

① 牟来彦，汪和生.信息技术课程与教学论［M］.广州：广东高等教育出版社，2013.

程的设计，使学生在教师引导下愉悦地学会学习，并培养学生对体育学习的积极情感和良好动机。

三、学习理论的功能

（一）为学习者提供了学习研究的途径与方法

学习理论主要阐明了学习的哪些方面的问题值得研究和探讨？哪些自变量应受到控制，哪些因变量应予以分析？可以选用何种方法和技术？等等。简言之，学习理论是人们对学习问题进行科学研究的指南。

（二）规范了学习法则

学习理论对有关学习法则的大量知识加以归纳和概括，使其进一步系统化、条理化和规范化，便于学生掌握。

（三）阐释了学习好坏的原因

学习理论要解释学习的发生和发展过程，说明为什么有的学生学习能获得良好的效果，有的则效果不佳。

学习法则告诉我们的是"应该如何"学习，而学习理论则揭示了"为什么"这样学习而不是那样学习。学习理论阐述了学习的基本规律，而体育教学设计必须遵循学习的基本规律，才能有效地创设学习情境，科学合理的组织学生学习。所以，体育教学设计必须建立在学习理论基础之上。

第四节　教学理论

一、体育教学理论的发展

教学理论是研究教学本质和一般规律的科学。教学的本质即教学过程的基本性质、教学过程与教学结果的因果关系，表明了学习活动与学习过程、学习结果之间的内在联系。它通过规律性的认识来确定优化学习的各种教学条件与方法。教学的社会职能即向人类传授历史发展过程中积累总结的各种经验，其必然会受到在社会背景规定下的各种目的与任务的制约。传授什么，如何传授，以及最后在学生身上形成什么样的品质等，这些都是教学理论的核心问题。

（一）古代教学理论思想

古今中外教学理论的研究和发展对体育教学设计提供了丰富的科学依据。教学理论的研究范围涉及教学基本原理（包括教学的地位和作用、教学目标和任务、教学过程的本质和规律以及教学原则等）、教学内容（课程与教材等）、教学方法（包括教学方法和手段、教学组织形式）和教学评价等方面，其研究成果极其丰富，体育教学设计从其指导思想到体育教学目标、体育教学内容的确定和学生的分析；从体育教学方法、体育教学活动程序、体育教学组织形式到体育教学评价都从各种教学理论中汲取精华、综合运用，以保证设计过程的成功。[①]我国教学论有着悠久的历史，以古代孔孟为代表的儒家教学思想至今在教的方法、学的方法以及教与学的关系上仍对我们有许多影响。例如，孔子的"学而知之""多闻""多见""学而不思则罔，思而不学则殆""举一反三""循循善诱""因材施教"和孟子的"自得""循序渐进""专心有恒"等精辟的论断。又如"学记"中提出的"教学相长""启发诱导"诸原则和"问答法""练习法""讲解法"等教的方法，宋朝朱熹强调的自学自得、学习首先要自己立志、自己下功夫的学习方法。近现代时期，也出现了一批优秀的思想家与教育家如梁启超、蔡元培、徐特立、陶行知、陈鹤琴等倡导的教学要重视发展儿童的个性，从他们的特点出发，要发挥儿童主观能动性，培养儿童独立学习能力的主张也对今天我们强调以学生为主体进行个性化教育有重要的启迪。

（二）西方教学理论

西方教学理论三个时期（萌芽时期、近代形成期、现代发展期），这三个时期的教学理论的发展既有特点、又有其继承性和连贯性。萌芽时期，尽管还没有形成独立体系，但教育家苏格拉底（Socrates）、柏拉图（Plato）、西塞罗

---

① 杜俊娟.体育教学设计［M］.北京：北京体育大学出版社，2007.

（M.T.Cicero）和昆体良（M.F.Quintilianus）已提出和使用问答法、对话式、练习法、模仿等教学方法。近代形成期，捷克教育家夸美纽斯在它的"大教学论"中对教育目的、内容和直观性、自觉性、系统性、巩固性和教学必须适应儿童年龄特征和接受力等教学原则做了比较系统地阐明，并提出了学年制和班级授课制。法国卢梭（J.J.Rousseau）充分肯定了儿童的积极性及其在教学中的教育，并提出了观察法、游戏法。德国的第斯多惠（F.A.wm.Dewsterway）提倡发现法，指出不仅要用知识来充实儿童头脑，而且要发展他们的智力和才能，并提出"一个坏的教师奉送真理，一个好的教师则教人发现真理"。还有德国赫尔巴特和瑞士的斐斯特罗奇（J.H.Pestelozzi）在教学活动程序上的探索等。现代发展期，美国杜威反对传统的"教师中心"和"课程中心"，主张"儿童中心"和"做中学"并提出五步教学法，尽管对教师在教学中的主导作用和系统科学知识的学习有所忽视，但对反对传统教学的弊端有积极意义。前苏联的凯洛夫（H.A.Kahpob）忽略儿童智力、能力的发展和学生在教学中的主体作用，但他强调教师的主导作用和重视系统科学知识、技能的传授也有积极可取之处。①总之，这三个时期中教育家提出的许多教学观念、教学原则等值得我们借鉴与参考，并应用于体育教学设计之中。教学理论研究的范畴将教学理论的研究对象具体化，大致包括下列主要范畴：

（1）研究教学的价值、目的和教学活动的具体目标，确立正确的价值观，探讨教学目的、目的制定的依据及其与教学活动的联系或关系。

（2）研究教学的本质，揭示教学过程的因素、结构及其客观规律。

（3）研究教学内容，探讨社会、教师、学生与教学内容的制约关系，揭示教学内容的制定、变化和更新的机制，研究课程、教材的正确选择与合理编排的原则和要求。

（4）研究教学的模式、原则和组织形式，研究教学的手段和方法，为教学实践活动建立规范，提出要求。

（5）研究教学评价，探讨教学评价的标准、要求和手段，为调整教学活动环节，保证和提高教学质量提供可靠的反馈系统。

---

① 杜俊娟.体育教学设计［M］.北京：北京体育大学出版社，2007.

二、教学理论与体育教学设计的关系

体育教学设计在教学理论与学习理论的指导下，用系统的思想和方法对教学理论研究的主要范畴即教师、学生、教学目的、教学任务、教学内容、教学形式、方法和原则等要素进行研究和应用。体育教学设计科学地解决了在体育教学中遇到的问题，并提出解决问题的方案。因此，教学理论是体育教学设计的直接理论来源。古今中外教学理论的研究和发展为体育教学设计提供了丰富的科学依据。斯金纳的程序教学理论、布鲁姆的目标分类理论、布鲁纳的引导—发现法、奥苏贝尔的"先行组织者"的程序教学、加涅的信息理论、赞可夫的"以最好的教学效果来促进学生最大发展"的理论、瓦根舍因的范例教学理论，都是促进体育教学设计发展的丰富而坚实的理论基础。[①]

体育教学设计吸收了各种教学理论的精华，并加以综合利用进而确定设计教学的指导思想、体育教学内容、学生以及学生学习的需要，以及从体育教学目标的设计到体育教学方法、体育教学活动程序、体育教学组织形式、体育教学媒体等一系列具体教学策略的选择和制定都是在教学理论的基础上进行设计的，进而保证设计过程的成功。体育教学设计以教学理论为基础，是教学理论与教学实践之间的一座桥梁。同时，体育教学设计的产生也是教学理论不断发展和完善的结果，体育教学设计在系统过程中为教学理论应用于实践的成功创造了良好的基础。因此，体育教学设计以教学理论为基础，又可以为教学理论的改进和完善提供条件。

第五节　生理学理论

一、青少年儿童生长发育的规律

人体的生长发育，是一个长达20年左右的连续、统一的发展过程。在这一过程中，由于社会环境、营养、遗传和体育锻炼等因素的影响，不可避免地存在

---

① 杜俊娟.体育教学设计［M］.北京：北京体育大学出版社，2007.

着较大的个体差异，但同时也遵循着共同的基本规律。青少年儿童生长发育的规律主要包括：身体形态、生理机能和身体素质等几个方面，它们互相依存、互相影响、互相制约。人体的生长发育虽然是一个连续、统一、逐渐完善的过程，青少年儿童的身体形态随着年龄的增长而变化，但在各个年龄阶段，生长发育的速度并非匀速直线上升，而是具有一定的阶段性和波浪性的特点。青少年儿童的身体机能发展和完善表现在神经系统、骨骼肌肉系统、呼吸系统以及心血管系统的功能变化上，各个系统的功能和特点都会随着青少年儿童发育的不同阶段呈现出较大的差异。身体素质的发展随着年龄的增长而变化，表现出明显的年龄特征和性别差异。在身体素质发展的过程中，不仅存在一个连续的增长速度较快的时期，而且还有一个身体素质发展的敏感期。

体育教学是以学生的身体练习为主要手段，以促进学生的健康、增强学生体能为核心，以培养和谐全面发展的学生为目的的教学活动。体育教学设计就是为了最大限度地挖掘体育教学在促进学生生长发育、提高学生身体机能、增强学生体能等方面的有效性。因此，在进行具体的体育教学方案设计时，我们应该详细了解教学对象的生长发育规律、有机体的机能特征以及不同年龄阶段学生的身体素质特点。青少年儿童的生理特点对体育教学设计的影响主要表现为：在分析体育教材内容、确定或创编体育教材内容时，应充分考虑青少年儿童的生理发展特点，使选择的体育教材内容充分发挥其在体育教学中的载体作用，为体育教学目标的实现提供条件；在对学生的学习需要和具体特征进行分析时，尊重学生的心理发展特点，有利于我们准确地确定体育教学中存在的问题，确定学生的教学起点；此外，体育教学目标的制定、体育教学策略的选择以及体育教学过程的安排都要遵循青少年儿童的生理发展特点，设计出适宜的体育教学目标、丰富多彩的体育教学内容和有效的体育教学策略。总之，在体育教学设计过程中，我们必须认真遵循学生生长发育的规律，重视各种规律对体育教学的积极影响和制约。只有这样，才能设计出真正体现新体育课程理念、高效完成体育课程目标和任务的体育教学方案。

二、动作技能形成的规律

动作技能又称动作技术，是指人体掌握和运用专项技术的能力及按一定技术要求完成动作的能力。从运动生理学的角度来说，运动技能的形成是由简单到复杂的过程，实质是在大脑皮质建立暂时神经联系的过程，并有建立、形成、巩固和发展的阶段性变化和生理规律。运动技能的形成过程是一个连续的、渐进的过程，运动技能的形成可分为泛化过程、分化过程、巩固过程和自动化过程。

新课程标准把体育与健康课程的性质确定为：体育与健康课程是以身体练习为主要手段、以增进学生健康为主要目的的一门必修课程。新课程的内容标准分为运动参与、运动技能、身体健康、心理健康和社会适应等五个学习领域。其中，运动技能学习领域直接体现了体育与健康课程以身体练习为主的本质特征。运动技能也是实现其他领域学习目标的主要手段之一。因此，没有运动技能教学也就没有体育教学存在的价值。运动技能的教学仍是我们体育教学的核心。在体育教学设计中，运动技能的形成规律主要影响体育教学目标的制定、体育教学策略的选择以及体育教学过程的组织和实施。我们只有严格地遵循运动技能的形成规律，才能制定出准确而适宜的知识、技能学习目标，才能设计出实用性好、针对性强的体育教学方法、手段，也才能较好地实施和控制体育教学过程。因此，体育教学设计必须遵循运动技能的形成规律。

三、学生生理机能适应规律

在体育教学中，学生经过反复的身体活动和锻炼，身体的生理机能也随之不断地变化着，这种变化是有一定规律的，这种有规律的变化称之为学生生理机能活动变化规律。[①]在正常情况下，人体各器官系统的活动相互制约、相互协调，处于相对平衡的状态。这种相对平衡的状态是人体生命存在和人体机能正常活动的必要条件。当外界环境发生变化时，机体内环境的相对平衡受到破坏，体内的各种功能为了维持机体内外环境的相对平衡，不得不重新进行调整，这就是生物适应过程。在体育教学中，学生生理机能适应规律是指学生在经历系统的体育教学和锻炼过程中，身体内部会逐渐产生一系列的生化和物理性变化，这种变化随着经历体育教学活动和锻炼的时间迁移形成量的积累，身体机能对之逐渐适应并得到提高。

---

① 李云生.学生体质健康标准实施办法与学生体育达标考核实务全书（上）［M］.哈尔滨：黑龙江人民出版社，2003.

第三章　体育教学设计的背景分析

第一节　客体分析

一、体育学习需要的分析

（一）学习需要

1.简介

针对需要的定义，不同的学者给出了不同的答案。泰勒把需要定义为"应该是什么"与"是什么"之间的差距（R.W.Tyler，1949），考夫曼则认为需要是当前结果和期望结果之间的差距（R.Kaufman，1977）。综合两位学者的观点，可以看出，需要主要是由现实和渴望之间的差距引起的，其主要表现是结果的差异、人们的内心体验、现实情况中存在的问题。

从以上对需要的定义的分析得出，学习需要是指学生目前的学习状况与期望学生达到的水平之间的差距。在这里，期望主要指的是社会发展、学校和班级对学生提出的要求，以及学生对自身的要求等方面。目前状况是指学生群体或个体在体育知识、技能、能力、态度等方面的不足，同时也指出了要解决的问题，规定了体育教学任务和目标。

仔细分析会发现学习需要的概念近似于我们通常所讲的教学目的，或教学活动预期达到的结果，但在实际的使用过程中学习需要要比后者宽泛。同时，教学目的常常是相对教师的"教"而言的，学习需要则主要是相对学生的"学"而言的。

学习需要分析是指通过一定的调查研究，发现教学中存在的问题，并分析其性质，论证解决问题的必要性和可行性的过程。这一过程的核心是了解问题，而不是寻求解决问题的方法或途径。了解问题是前提，只有先了解问题及其性质，才能寻求到适当的解决问题的方法。

具体说来，学习需要分析的主要目的是：

（1）发现学生中存在的问题；

（2）分析产生上述问题的原因，以便于寻找解决这些问题的办法；

（3）分析资源条件和制约因素，论证解决此问题的可能性；

（4）分析这些问题的重要性，以便于确定优先解决的体育教学设计课题。

对于学习需要的分析是一种关于问题或差距的分析，这样做的目的是为了获得确切、可靠的"问题"资料和数据，以便于形成切实可行的体育教学目的。在以后的体育教学实践中，体育教学目的便成为指引体育教学设计按步骤正常进行的主要依据。所以分析学习需要的工作直接影响到体育教学设计的其他各部分工作的方向，关系到整个体育教学设计过程的成败。同时，由于论证了体育教学设计的必要性和可行性，通过分析学习需要，可以让体育教师和学生的时间、精力以及其他资源条件被有效地利用去解决体育教学中真正的迫切的问题，从而提高体育教学活动的价值和效益。①

2.类型

为了便于对学习需要进行分析，伯顿（J.K.Burton）和梅里尔把与教育有关的需要分成如下六类。

（1）标准的需要

标准的需要主要指的是个体或集体在某方面的现状与既定标准比较而显示出来的差距。既定标准是指国家各种类型的标准测试。对标准需要的确定主要通过以下三步来完成：一是获取标准，如《体育教学大纲》《体育与健康课程标准》《国家体育锻炼标准》《中考标准及分数线》等；二是收集对象与标准相比较的资料以及数据；三是比较后确定标准需要。

（2）比较的需要

比较的需要是指同类个体或集体之间通过相互比较而显示出来的差距。主要

---

① 佟晓东，刘铁.体育教学设计与实践［M］.沈阳：东北大学出版社，2009.

通过以下三步来完成：一是确定所要比较的领域，即比较什么？比如，是比较体育项目考核成绩，还是比较学生身体素质？二是收集对象与比较对象在比较领域的资料以及数据；三是确定两者之间的差距。除此之外，还要对这种需要的重要程度进行分析判断，以便确定是否满足这种需要。

（3）感到的需要

感到的需要指的是个体认为的需要，是个体必须改进自己的行为或某个对象行为的需要和渴望。感到的需要体现的是在行为或技能水平与渴望达到的行为或技能水平之间的差距。在这种情况下，体育教学设计者要明确并改进与行为有关的需要和由于某种渴望而激发的需要之间的区别。比如，有的学生为了提高自己的足球技能，便产生了提高自己足球技能的"需要"。要想确定"感到的需要"，也需要收集资料和数据，在这方面比较好的方式是通过测验和考试来获取信息。最后对这种需要的重要性进行分析，以决定是否满足这种需要。

（4）表达的需要

表达的需要，顾名思义就是个体把感到的需要表达出来的一种"需要"。这种需要经常会得到满足。例如，某学校打算开设体育选修课程，于是便请学生将自己想学习的体育项目写在登记表上，这在某种程度上便可以认为是一种表达的需要。与前几种需要相同的是，确定表达的需要也要收集资料和数据，在收集资料和数据时，可以采取面谈、问卷、填写登记表、座谈等方法。我们可以从这些资料中获取所需信息，也可以从学生的各种具体行为表现中捕捉各种反馈信息，以确定表达的需要。是否满足这种"需要"，体育教学设计者还要做出价值判断。

（5）预期的需要

预期的需要是指将来的需要。一般情况下，体育教学设计者比较注重对于现实需要的考虑，而容易忽略对学生将来的需要的考虑，殊不知，预期的需要同样是体育教学设计的重要组成部分。比如，体育教师在体育教学中要坚持"终身体育"的理念，要选择有利于学生终身体育的知识、技术、技能和方法，他的预期需要是全体学生能够掌握这些体育的知识、墩术、技能和方法以为将来终身进行体育活动服务。①

---

① 杜俊娟.体育教学设计［M］.北京：北京体育大学出版社，2007.

（6）危机性事件的需要

这种类型的需要是一种很少发生，但一旦发生却可能引起重大后果的需要，主要表现为地震、洪水、火灾等自然灾害。获取这种需要的资料和数据，最常用的方式是通过分析潜在的问题入手，也可通过提出问题入手。例如，有些小学体育教师就针对地震、洪水、火灾等自然灾害的问题，设计了如何教小学生逃生的体育教学课。

通过分析，我们可以总结出上述六类学习需要的核心内容是：当"现状是"与"应该是或必须是"之间存在一定的差距时，就产生了"需要"。而要想具体地确定"需要"是什么，有多大，价值怎样，是否应给予满足时，就要采取有效的方法，收集资料和数据，比较分析，做出价值判断，以确定是否对这种需要给予满足。

（二）体育学习需要

1.体育学习需要的分析

体育学习需要的分析是指通过一定的调查研究，发现体育教学中存在的问题，并分析该问题的性质，论证解决该问题的必要性和可行性的过程。它的核心是了解问题，而不是寻求解决问题的方法或途径。体育学习需要的分析过程事实上是形成体育教学目标的过程。体育学习需要的分析属于前端分析，分析体育教学中存在的问题，可使后续的工作有的放矢，避免人力、物力和财力的浪费，提高解决体育教学问题的针对性，增强体育教学设计的效果，保证体育教学设计实施方案的可靠性，从而达到提高体育教学质量的目的。[1]

体育学习需要分析的主要目的是：

（1）发现学习者在体育学习中存在的相应问题；

（2）分析产生以上问题的主要原因，为确定体育教学设计解决该问题的方法和途径提供依据；

（3）分析现有的体育教学资源及约束条件，以论证解决问题的可能性；

（4）分析这些问题的重要性，以确定需要优先解决的体育教学设计问题。

2.体育学习需要分析的意义

（1）有助于处理好手段和目的的关系

---

① 舒盛芳，高学民.体育教学设计［M］.上海：复旦大学出版社，2013.

通过前文的分析我们了解到，在进行体育教学设计前，应该先深入体育教学的实践以便于了解教学中存在的问题，然后通过学习需要分析的逻辑顺序即"用问题找方法"来设计体育教学。然而，在具体的体育教学过程中，人们往往更加关心如何改进方法、形式、媒体等问题，而较少考虑所确定的体育教学目标是否符合客观的实际需要，但这恰恰是应该着重解决的一个问题。只有对学习需要进行客观的、实事求是的分析，并据此确定科学、合理的体育教学目标，并为此采取有效的教学策略，才能取得良好的教学效果。

（2）方便解决体育教学中的主要问题

保证教学工作成败的关键是能否发现教学过程中存在的实际问题，弄清楚产生问题的原因并选择最佳的解决方法。表现在体育需要分析过程中，就要深入体育教学实际，发现体育教学中的问题，寻找产生问题的原因，找到解决问题的方法，就可以了解存在的教学问题。

（三）体育学习需要的分析方法和基本步骤

1.分析方法

体育学习需要的分析方法主要有两种：内部参照分析法和外部参照分析法。

内部参照分析法是将所制定的体育教学目标与学习者体育学习的现状进行比较，找出两者之间的差距，借以鉴别体育学习需要的一种分析方法。

外部参照分析法是以社会对体育学习者的期望值为标准来衡量体育学习者的学习现状，找出差距，从而确定体育学习需要的一种分析方法。

对学生的学习现状进行调查的方法如下。

（1）访谈法

通过开展访谈和座谈等方式，对学生的体育学习态度、情感、体育兴趣爱好的现状进行了解。

（2）测试法

按照学习需要分析的范围，选择适当的指标针对学生的体能、技能现状进行测试，或编制一定的条目测试学生掌握体育与健康方面的知识现状。

（3）问卷调查法

根据体育学习需要分析的实际要求，对调查范围和调查内容进行确定，设计调查条目，调查学生的体育态度、体育情感、兴趣爱好、社会适应等现状。

2.分析步骤

（1）确定体育教学期望状况

教学期望状况主要是指在体育课堂教学中期望体育学习者达到的状况，即体育教学目标。体育教学目标的制定要根据体育课程标准的目标体系和体育课的类型来确定。体育教学期望状况要用可以观察、测量、评价的具体的行为术语来陈述。[①]

（2）确定学习者体育学习现状

体育学习现状主要指的是体育学习者当前对体育知识、技能的掌握状态，以及表现出的对体育学习的态度、情感及价值观等方面的状态。我们也要运用可以观察、测量、评价的具体的行为术语来陈述。

（3）分析学习需求的制约因素

从学习需求中找出体育教学中的主要问题及产生该问题的主要原因，分析问题的产生是否与体育教学资源和体育教学的约束条件有关，然后确定该问题是否可以通过体育教学设计予以解决。

（4）分析学习差距及差距产生的原因

分析学习差距及差距产生的原因，为制定体育教学目标提供依据。

二、体育教学内容分析

（一）体育教学内容

体育教学内容是指为了达到体育教学目标而选用的体育知识和技能的体系。它是指为实现《体育与健康课程标准》或《高校体育与健康课程指导纲要》规定的教学目的，由教育行政部门或教学机构有计划安排的，要求学生系统学习的体育与健康知识、体育技术和体育技能的总和。它具体体现在人们制定的《体育与健康》课程实施方案、体育教学计划、体育教学大纲和编写的教科书、教学软件里。[②]

体育教学内容具有一定的结构层次和体系。在体育教学设计领域，有时会将

① 舒盛芳，高学民.体育教学设计［M］.上海：复旦大学出版社，2013.

② 佟晓东，刘铁.体育教学设计与实践［M］.沈阳：东北大学出版社，2009.

体育教学内容分为课程、单元和项目三个层次。课程是一门由若干个单元知识的组块构成的独立的教学科目，一个单元又由若干项目即知识点构成。

体育教学内容的各组成部分并不是孤立存在的，它们具有一定的内在联系，具体表现在以下两个方面：

一是序列联系，即将体育教学内容各组成部分按某种次序进行排列。例如，篮球运动发展历程按年代先后排列，武术基本手型和步型、基本功、基本动作与组合、套路则按学习顺序排列。

二是部分与整体联系，即体育教学内容的一个方面是另一方面的构成要素。例如，个人有球技术和个人无球技术是篮球个人技术的两个内容，而个人有球技术又有运球、传接、投篮等技术。

实际上，除了以上所述两种联系，在体育教学过程中，许多体育教学内容的各组成部分之间的联系是综合性的。如武术基本手型和步型、基本功、基本动作与组合、套路教学等这些基本环节之间存在序列联系，而各环节又由若干并列的下属知识和技能组成，如基本功又分臂功、腿功、腰功等，腿功又由正踢、侧踢、里合、外摆、弹踢、侧踹等腿法组成。

随着社会的不断发展，制约体育教学内容的因素越来越复杂，其中影响体育教学内容发展变化的主要因素有科学技术和生产力发展水平、哲学思想和教育思想、社会文化传统和教育传统、社会对人才规格的需求、学生身心发展特点、学习类型和教育制度、教育者的水平等。至于一门既定的体育课程的体育教学内容则要综合上述种种因素，进行具体分析。

（二）体育教学内容分析

分析体育教学内容是对学生起始能力变化为终点所需要的知识和技能，及其上下、左右关系进行详细剖析的过程。

以通过学习需要分析所确定的教学目的为依据，体育教学内容的分析包括以下两个方面的工作：一是选择体育教学内容并确定其广度和深度，其中，体育教学内容的广度指的是学生必须达到的知识和技能的范围，深度指的是学生必须达到的知识深浅和技能复杂的水平；二是揭示体育教学内容各部分之间的联系，安排其呈现顺序。内容顺序指根据知识技能的内在逻辑和学生的心理活动特点而安排的体育教学内容序列。

（三）体育教学内容的选择和组织

1.体育教学内容的选择

选择体育教学内容就是依据为实现体育教学目的而要求学生掌握的知识、技能来确定体育教学内容的纲要。

在以前的体育教学中，普通学校对体育教学内容进行选择并不普遍，这主要是因为教育行政部门已在体育教学大纲中严格规定了体育教学的内容。但随着《体育与健康课程标准》的出台，这一现象发生了很大的变化。因为《体育与健康课程标准》与体育教学大纲有着一定的区别，体育教学大纲对体育教学内容已有了明确的规定，各学校只需要照章行事即可，而《体育与健康课程标准》则确定了各水平的体育教学目标，即确定了学习需要，至于用什么体育教学内容来满足学生的学习需要，则需要体育教师发挥自由度，因此，体育教学的内容由体育教师自己来选择。另外，许多学科的体育教学内容因地因时发展、变化很快，经常需要有关部门和体育教师考虑，用哪些内容对学生进行体育教学。

选择体育教学的内容，需要注意以下几点：

（1）坚持科学性与教育性；

（2）要符合学生发展的身心特点；

（3）要具有实用性和趣味性；

（4）理论与实践相结合；

（5）统一性与灵活性相结合。

2.体育教学内容的组织

针对已经初步选定的体育教学内容，要根据体育学科的特点来组织安排，以使其具有一定的系统性和逻辑性。具体可从以下几个方面着手。

（1）从整体到部分不断分化

对于体育教学中大量的认知性体育教学内容来说，应把其中的主要概念和原理放在中心地位。可先教学涉及面较广的整体观点，然后就具体内容和特殊要点不断进行分化。因为一般看来，从已知的整体中分化出部分要比从已知的部分概括成整体要容易些。体育教学内容的序列化如果从最概括、最有包容性的命题出发，它们往往能在各种各样的学习情境中为学生的认知结构提供固定点。[①]

（2）由已知到未知不断深化

如果体育教学内容在概括程度上比学生原有的认知水平和知识技能高，或者学生所要学习的新内容与学生认知结构中已有的观念无法产生从属关系，在这种情况下就应该采取由浅入深、由易到难、由具体知识到抽象知识、由简单技能到复杂技能的顺序，使前面的学习能够为后面的学习提供实质性的直接支持。这是因为，有些体育知识和技能的内容结构在顺序上极为严密，不掌握从属的知识和技能就不可能掌握上位的知识和技能。

（3）按事物发展规律排列

如果体育教学内容各部分之间的内在联系是纵向序列性的，就可以按照事物进化、年代发展和起源出发的顺序来编排。这种编排方式与体育教学内容所涉及的社会现象、自然现象本身演变的顺序相一致，同时也符合事物发展的客观规律，所以学生学习起来相对比较容易。

（4）注意内容之间的横向联系

在对体育教学内容进行组织时，不仅要注意各组成部分之间的纵向发展或因果关系，还应该注意从横向方面加强并列概念、并列原理等之间的联系，此外还要注意认知、技能、情感等各类别体育教学内容之间的协调。通过这种方式，能够促使学生融会贯通地进行体育学习，也有利于学习中的知识、动作技能的迁移。

组织好体育教学的纲要之后，还要为每个单元编写相应的体育教学目的，也就是将学习需要分析后确定的总的体育教学目的分解成一系列次级目的，然后通过达成这一系列的次级目的，最后实现总的体育教学目的。由于单元目的反映该体育教学单元意图，所以在表达上仍应概括扼要。

三、体育学习任务的分析

（一）学习准备

学习准备是指学生在学习新的内容时，他原有的知识技能水平和心理发展水平对新的学习的适合性。由于学习一般被分为认知的、情感的和动作技能的等领

---

① 杜俊娟.体育教学设计［M］.北京：北京体育大学出版社，2007.

域，学习准备也可以相应地分为认知的、情感的和动作技能的等方面。

一般来说，学生的准备状态不仅要保证他在新的学习中获得成功，还要保证他的学习在时间和精力上消耗的合理性。因为如果不考虑学习时间和精力的经济性，学习准备就会变得毫无价值。同时，学习准备与学习方法也是紧密联系在一起的，例如那些用词语不容易让学生学懂的知识，可以通过形象化演示（示范或示图、视频媒体等）来进行，这样学生学习起来便比较容易；而且课堂上学不会的技能，还可以通过课外实践来进行。所以我们在理解学习准备时不能陷入绝对化的圈圄。

在进行体育教学之前，不仅要明确"目的地"（体育教学目的），还要明确"出发地"（学生准备状态）。根据学生原有的准备状态进行新的体育教学，也即体育教育中所说的准备性原则、量力性原则和可接受性原则。

通过以上分析可知，学习准备主要包括以下两个方面：

首先，学生对从事特定的体育教学内容的学习已经具备的知识技能基础，以及对该项学习的认识和态度。对第一方面学习准备的分析称为起始能力预估，它与所学的内容直接相关。[①]

其次，对他从事该项学习产生影响的心理和社会方面的特点，如年龄、认知成熟度、生活经验、文化背景、学习动机、注意力稳定性等因素。对第二方面的学习准备的分析称为一般鉴别特征，它虽然与体育学习内容无直接的关系，但是会对体育教学内容的选择、体育教学方法和媒体的使用产生一定的影响。

体育教学目标只是在一定体育教学活动完成之后，对学生应习得的终点能力及其类型进行了规定，但是并未对这些能力或行为倾向形成或获得的过程与条件进行具体的说明。因此在接下来的教学过程中，要想使体育教学目标真正起到指导体育教学的作用，还应该对体育教学任务进行分析。任务分析就是要进一步揭示终点目标得以实行的先行条件。

就我国目前的体育理论界和实践界而言，大多数体育教学研究者和体育教师对于任务分析的理论和技术所知甚少，更不用说运用于体育教学实践中了。而在国外，在教师的教学设计活动中，任务分析是不可或缺的一个环节。

[①]　佟晓东，刘铁.体育教学设计与实践［M］.沈阳：东北大学出版社，2009.

（二）任务分析的概念

在 1940 年，加涅首先提出了"任务分析法"这个概念，并强调了任务分析对教学的作用。加涅和米勒（R.B.Miller）认为：在教学计划中首先要对学习过程进行分析，同时也要分析学习任务的类型和学习的内外条件。这种看法很快得到大多数教育工作者的支持。作为计划教学程序的一部分，首要的步骤是确定教学目标和确定不同学习任务的性质、特点，并以此确定适当的教学程序。[①]到了 20 世纪 50 年代中期，由于行为主义心理学家斯金纳的提倡，程序教学运动在教学中兴起，这一活动不仅是使教材程序化的过程，实际上也是分析教学目标的过程。加涅所提出的任务分析法在斯金纳提倡的程序教学法中得到了进一步地发展，并逐渐形成了一套专门分析教学目标的技术。

针对任务分析技术的定义，中外心理学家给出了不同的解释：

（1）确定学生将要解决的某一问题的特定步骤；

（2）对完成任务所需要的步骤进行评估与陈述。一般情况下也包括对所涉及的技能和操作的精确陈述；

（3）是对学生达到某一目标之前的子技能进行等级排列的过程；

（4）把任务或目标分解成比较简单的成分的过程；

（5）描述某一技能的子技能以及它们之间的联系，或者这些技能在整个任务中的作用的一个过程；

（6）把任务分成基本子技能的系统过程；

（7）描述任务或技能的成分；

（8）确定学生达到某一特定教学目标之前必须先教技能的构成成分；

（9）是一种教学设计技术。这种教学设计技术的目的在于揭示从学生的起点行为（原有知识基础）到终点行为（预期的学习结果）之间必须掌握的新能力的类型及其层次关系。

通过以上描述可以看出，大多数研究者都同意任务分析实际上是指在教学活动之前，预先对教学目标中规定的、需要学生习得的能力或倾向的构成成分及其层次关系所进行的分析，包括将目标技能分解成一系列子技能，确定子技能的性

---

① 杜俊娟.体育教学设计［M］.北京：北京体育大学出版社，2007.

质及之间的层次关系等过程。目的是为学习顺序的安排和教学条件的创设提供心理学依据。[①]

一般来说，要想顺利进行任务分析，体育教师必须具备某一体育领域的专业知识和熟练的技能，还应该具备体育教学设计理论知识和技能。

（三）任务分析的基本步骤

在任务分析方面，詹森和斯拉文给我们提供了经验。

在詹森（W.R.Jenson，1988）看来，任务分析的主要步骤是：

首先，精确地陈述教学目标。詹森认为目标包括操作行为、条件和标准三个成分。而在对目标进行陈述时，可能出现以下问题：主语含糊不清；在描述行为时，偏向于使用知道、理解、欣赏、掌握意义、享受、相信等词来表达心理过程；陈述的不是教学方面的目标；把学生学习的内容当作目标。

其次，确定学生的起点能力。所谓起点能力是指学生在接受新学习任务之前原本具有的知识技能准备。学生的起点能力是学生习得新的能力的内部前提条件。

最后，子技能的分析。确定从起点能力到教学目标的技能系列，其基本步骤是：尽可能详细地列出所有的子技能；确定子技能之间的关系；按照所学的顺序，将子技能排列等级；选择一定的方法对学生子技能掌握的情况进行确定。

在斯拉文（E.Slavin，1986）看来，任务分析的主要步骤是：

第，确定先行能力。也即对"在教授这堂课之前，学生应该已经知道什么"进行了解确定；

第二，确定子技能（成分技能）。是指在达到一个较大目标之前，学生必须学得的子技能；

第三，计划如何从子技能出发形成最后的技能（目标）；

对以詹森和斯拉文为代表的国外学者关于任务分析的主要步骤进行总结之后，结合我国体育教学实践，提出以下在体育教学设计中任务分析要做的工作：

第一，确定学生的起点能力；

第二，对使能目标以及其类型进行分析。这里所谓的使能目标是介于起点力与终点能力之间应掌握的先决知识技能；

[①] 佟晓东，刘铁.体育教学设计与实践［M］.沈阳：东北大学出版社，2009.

第三，分析学习的支持性条件。

通过以上的分析我们可以发现，在任务分析中，以下三点是必需的。

1.确定学生的起始能力

通过对体育教学设计基础理论的分析，我们能够了解到，通过了前期的学习，在进入新的学习单元时，学生原有的学习习惯、学习方法、相关知识和技能对新的学习的成败便起着决定性的作用。因此，在体育教学过程中，体育教师将终点体育教学目标确定之后，必须先对学生的起点状态即起点能力进行分析。另外，根据知识分类学习论的观点，因为智慧技能从"辨别"到"高级规则"之间有严格的先后层次关系，所以作为高一级智慧技能先行条件的较低级智慧技能必须全部掌握。[①] 而且因为知识技能的形成比知识习得所需要的时间长，因此，在给学生教授新的体育技能之前，如果发现学生在先行技能方面比较缺乏，则应该及时进行这方面的补救性教学。确定学生起点能力的方法很多，通常教师会安排一些小测试、做一些问卷调查，或者采取在课堂上提问、观察学生的动作等方式。

2.分析使能目标

从起点能力到终点能力之间，学生还有很多知识和技能并没有掌握，但是对这些知识、技能的掌握又是达到终点目标的前提条件。这些作为前提性条件的知识、技能被称为子技能，以它们的掌握为目标的教学目标被称为使能目标。从起点到终点之间所需要学习的知识、技能越多，则使能目标越多。其实，就体育与健康课程的总体目标而言，其下属的所有各级水平的具体目标都是它的使能目标，而各学期、各单元、各学时的体育教学目标又都是其上层体育教学目标的使能目标。一般体育教学中，先后两次体育教学的知识、技能距离较小，因此其中的使能目标也不多。[②]

3.分析支持性条件

在任务分析中，除了对必要条件也就是使能目标进行分析之外，还需要进行支持性条件的分析。这两者之间的区别是：

必要条件是高一级能力的重要组成部分。

支持性条件虽然不是新的高一级能力的重要组成成分，但它会对终点目标的

① 杜俊娟.体育教学设计［M］.北京：北京体育大学出版社，2007.

② 佟晓东，刘铁.体育教学设计与实践［M］.沈阳：东北大学出版社，2009.

达成产生影响，有助于加快或减缓新能力的出现。

（四）体育学习任务分析方法

1.归类分析法

归类分析法是将与体育教学目标有关的体育教学内容进行恰当的分类，形成有意义的知识结构的任务分析方法。这种分析方法比较适合于陈述性知识（语词信息）的学习任务的分析。采用归类分析法时，可以先将学生应该学习的所有体育事实、概念、原理等分别列出，然后从任一层次开始，将内容要素按一定的顺序进行排列。这样一来，我们便可以在比较直观的内容图上进行推敲和修正。通过这种方法，我们能够很快了解到现有的选择是否包括了体育教学内容的所有要点，以及体育教学内容的现有组织安排是否合乎逻辑，是否有利于学生的学习。

2.层级分析法

运用层级分析法能够揭示为了达到一定的体育教学目标而需要掌握的不同层次的从属知识和技能。这种方法比较适用于智慧技能和动作技能之类的学习任务分析。层级分析法从已确定的体育教学目标开始进行考虑，学生为了获得终点能力必须具有哪些次一级的从属能力？而要培养这些次一级的从属能力又需要具备哪些再次一级的从属能力？如此直至剖析到学生的起始能力为止。如果能将达成体育教学目标的从属能力层层排列出来，便可明确全部所要教学的内容，使每层技能都建立在前序学习获得的知识、技能的基础上。[①]

3.信息加工分析法

信息加工分析法，也可以称为程序性任务分析法。这种分析方法主要是根据体育教学目的所要求的行为表现，采用流程图来描述目标行为所含有的基本心理过程。这种心理操作过程和它所涉及的能力共同构成了体育教学内容。信息加工分析法适用于技能和态度类学习任务的分析。在这里，借助分析的流程图可以是提纲型、直线式的，也可以是包含决策点的分支式的。这种分析方法比一般性的陈述包含更多的实现目标的心理步骤。由于这些心理操作步骤之间关系的展现，体育教学内容的结构和顺序也就揭示出来了。

---

① 佟晓东，刘铁.体育教学设计与实践［M］.沈阳：东北大学出版社，2009.

第二节　主体分析

一、分析的目的

在体育教学过程中，进行分析的主要目的是为了了解体育学习者的一般特征、学习风格和学习准备情况，从而为体育教材内容的选取、体育教学目标的制定、体育教学方法和媒体的选择以及体育教学过程的设计等教学外因条件适合学习者的内因条件提供依据，通过这一过程来使得体育教学真正起到提高学习者的体质，促进学习者的运动知识、技能和能力发展的作用。[①]

二、分析方法

在体育教学过程中，要想实现教学目的，满足学生学习的需要，仅仅对体育教学内容进行分析远远不够，还需要对体育教学对象（学生）有比较客观、正确的分析。在任何教学活动中，学生都是主体，体育教学也不例外，因此体育教学活动只有从学生的实际出发才能成功和优化。如果对学生各方面的情况进行详细的分析，了解学生的准备情况和学习风格，就能够围体育教学内容的选择和组织、体育教学目标的编制、体育教学活动的设计、体育教学方法和媒体的选用提供可靠的依据。

对于体育教学对象的分析，可以从以下几个方面进行。

（一）学生起点能力的分析

通过前文的分析我们了解到，学生起点能力就是指学生原来的学习准备状态。在体育教学中，体育教学目标是目的地，学生的起点能力是体育教学的出发点。对学生起点能力进行分析就是要确定体育教学的出发点。起点能力一般是指学生在从事新的学习之前所具有的有关知识、技能基础，以及对有关学习内容的认识

[①]　舒盛芳，高学民.体育教学设计［M］.上海：复旦大学出版社，2013.

与态度。对体育教师来说，就叫作体育教学的起点。

学生起点能力的分析与体育学习内容的分析密切相关。如果忽视对学生起点能力的分析，学习内容的确定就会脱离学生的实际。[①]如果给学生制定了太高的起点，就会脱离学生的实际水平，这样一来便降低了体育教学效果，这种高难度的体育学习会打击学生的积极性，使其望而却步；如果定的起点太低，也脱离了学生的实际水平，会浪费学生的时间和精力，使学生在低水平的内容上做无效的劳动，会使学生产生厌倦情绪，降低他们的学习兴趣。因此，在确定学生的起点能力时，应该坚持恰当、科学的原则，只有如此才能收到良好的体育教学效果。

1.学生知识起点能力的分析

奥苏伯尔认为，当学生把教学内容与自己的认知结构联系起来时，意义学习便发生了。所以，影响体育课堂教学中意义接受学习的最重要的因素是学生的认知结构。认知结构是指"学生现有知识的数量、清晰度和组织方式，它是由学生眼下能回想出的事实、概念、命题、理论等构成的"。[②]因此，要想使学生在新知识的学习上得到快速的发展，就必须增强学生认知结构与新知识的有关联系。但是要做到这一点，也必须以了解学生的原有认知结构的状态为前提，只有在这个基础上，通过体育教学加强新旧知识的联系，才能把新知识纳入学生原来所具有的认知结构中。因此，对学生知识起点能力进行分析，就是判断学生原来所具有的知识结构的状态。

在判断学生原来具有的认知结构方面，美国著名学者约瑟夫·D.诺瓦克提供了一项技术，这种技术就是绘制"概念图"。通过"概念图"这种表现方式，可以将知识描述为由各种概念和这些概念所形成的各种关系（一般称之为命题和原理），其形式是一种等级结构。当然，由于学习水平的差异，每个学生绘制的概念图也是各不相同的。体育教学的过程就是对这个概念图不断地进行完善的过程。为了准确地把握学生现在的知识准备情况，可以让学生编制某一学科的概念图，然后根据编制的概念图来判断学生掌握知识的水平，即原来所具有的认知结构的状态。

绘制概念图主要有以下几个步骤：

---

① 张细谦.体育课程与教学论［M］.广州：广东高等教育出版社，2013.

② 张晓燕，李唐海，赵丽.当代数学教学论［M］.北京：中国水利水电出版社，2015.

（1）确定已学内容中的概念。让学生根据自己已经学习过的体育知识，列出一个关键概念一览表。

（2）将概念符号排序。从最一般的、最广泛的概念开始排列，一直排列到最具体、最狭窄的概念。

（3）根据金字塔结构，对前面所列的概念进行排列。一般的概念置于金字塔的最顶端，具体的概念按顺序依次放在较低层次上。

（4）确定各概念之间的关系。在每一对概念之间画一条线，然后选定一个表示两概念的关系的符号。随着学生认识的逐渐深化，他们对概念之间的关系可能会有新的认识，这时，线条可改动。

（5）找出图中不同部分概念之间的关系。在图上标出交叉的连接线。

（6）经过一段时间的学习后，重新绘制概念图。

2.学生技能起点能力的分析

加涅和布里格斯等人提出的"技能先决条件"的分析方法，是分析判断学生技能起点能力的常用方法。这种方法从终点能力着手，逐步分析达到终点能力所需要的从属知识和技能，一层层地分析下去，直到能够判断从属技能确实被学生所掌握。体育教学设计者可通过学生能否完成这些最简单的技能，来判断学生技能起点能力水平。还可以通过测试来了解学生的掌握程度，并据此确定学生的技能起点水平和体育教学的起点。"起点能力"具有动态性质。有时，它主要包括学习新知识所必须具备的旧知识；有时，它可能包括了体育教学目标中要求学生掌握的"新知识"。[①]

3.学生态度起点的分析

所谓态度一般会表现为趋向与回避、喜爱与厌恶、接受与排斥等。态度是指在特定的情况下通过特定的方式反应的内部准备状态。态度决定的并不是特定的行为，而是在不同程度上决定个人的一定类型的行为。总结起来，可以得出态度是"习得的、影响个人对特定对象做出行为选择的有组织的内部准备状态或反应的倾向性"。

一般情况下，态度包括以下几个方面：

认知成分。与表达情境和态度对象之间关系的概念或命题有关。

---

① 佟晓东，刘铁.体育教学设计与实践［M］.沈阳：东北大学出版社，2009.

情感成分。与伴随于概念或命题的情绪或情感有关。这个方面是态度的核心部分。

行为倾向成分。与行为的预先安排或准备有关。

除此之外，态度还受到情感、认知和行为倾向各成分之间关系的影响。

（二）学生一般特点的分析

前面所述的学生的起点能力对体育教学产生的影响是直接的，而学生的一般特点对体育教学产生的影响则是间接的。在相关的研究中，皮亚杰的认知发展阶段学说对了解学生的一般特点具有重要的指导作用，在认知发展阶段学说中，他把儿童的心理发展分为四个阶段：

第一，感觉运动阶段（0～2岁）。这个阶段是婴幼儿感知觉和运动协调发展的阶段。

第二，前运算阶段（2～7岁）。在这个发展阶段，在儿童头脑中已经开始有了事物的表象，而且他们能够用词来代表头脑中的表象，不仅能够进行初级想象，还可以使用和理解初级概念及其相互之间的关系。初级概念指的是儿童从具体经验中习得的概念。基于这一点，他们能够设想过去和未来的事物。在他们的认知结构中，知觉成分占优势，能进行直觉思维和半逻辑思维。

第三，具体运算阶段（7～12岁）。这个阶段的儿童与前运算阶段不同，他们在这个阶段思维有了质的变化，不是单凭知觉表象考虑问题，而是能够进行逻辑推理或逻辑转换。只不过在这个阶段他们进行推理或转换的对象还不是抽象的命题，而是具体的材料或客体。他们需要实际经验作为支柱，需要借助具体形象的支持，才能解决问题。

第四，形式运算阶段（12～15岁）。随着认知阶段的发展，儿童的认知从具体向抽象过渡，日趋成熟的儿童逐渐摆脱了具体经验的支持，能够理解并使用相互关联的抽象概念。

由皮亚杰的儿童认知发展阶段学说可以看出：在儿童认知发展变化中，最主要的变化是从具体认知向抽象认知的过渡。将其理论的借鉴意义运用于体育教学设计可以得出：在体育教学设计中，我们应该认识到具体事物是认识抽象事物的基础，因此要引导学生的思维逐渐向抽象的逻辑思维过渡。由此可见，了解学生的年龄特征，有助于确定体育学习内容并选用体育教学策略和体育教学媒体。

（三）学生学习风格的分析

学生学习的过程就是一个接收信息、处理信息并进行反馈的过程，在这个过程中，不同学生的表现不同。例如，学生接收信息和处理信息的速度不同，他们做出反馈的方式也就不同。因此，要想实现个别化的体育教学，就需要给每一个学生设计一个适合自己特点的学习规划，这正是体育教学所要追求的目标之一。随着计算机技术的不断发展，信息技术已经广泛应用于体育教学和家庭，这会给每一个学生提供个别化的、处方化的和模块化的课程结构，真正做到因材施教。要想使体育教学符合学生的特点，就需要对学生进行学习特征测验，而学习风格则是学生所具有的特征的重要组成部分。

什么是学习风格？有人认为它"是个人喜好掌握的信息和加工信息的方式"，是"心智加工个性化的一般行为倾向，它是智力的个性特征"。克内克（A.G.Knirk）认为，学习风格是"他们学习的最优方式"。我国著名教育心理学家邵瑞珍认为，"学习风格是学生持续一贯的带有个性特征的学习方式，是学习策略和学习倾向的综合"。[①] 尽管以上几种定义各不相同，但它们都包含了这样一个基本含义，那就是学习风格是个体灵活的喜好、习惯或个性特征。

为了向学生提供适合各自特点的个别化教学，体育教学设计者应从以下几方面了解有关学生的学习风格。

1.信息加工的风格

（1）用归纳法展示教学内容时，学习效果最佳；

（2）喜欢高冗余度；

（3）喜欢在训练中采用大量正面强化手段；

（4）喜欢使用训练材料主动学习；

（5）喜欢通过触觉和动手活动学习；

（6）喜欢自定步调。

2.感知或接受刺激所用的感官

（1）通过动态视觉刺激学习效果最佳；

（2）喜欢听觉刺激学习；

---

① 佟晓东，刘铁.体育教学设计与实践［M］.沈阳：东北大学出版社，2009.

（3）喜欢从印刷材料中学习；

（4）喜欢多种刺激同时作用的学习。

3. 感情的需求

（1）需要经常受到鼓励和安慰；

（2）能自动激发学习动机；

（3）能坚持不懈；

（4）具有负责精神。

4. 社会性需求

（1）喜欢与同龄学生一起学习；

（2）需要经常得到同龄同学的赞同；

（3）喜欢向同龄同学学习。

5. 环境和情绪的需求

（1）喜欢安静的环境；

（2）希望有背景声音和音乐；

（3）喜欢弱光、低反差；

（4）喜欢一定的室温；

（5）喜欢吃零食；

（6）喜欢四处走动；

（7）喜欢视觉上的隔离状态。

第四章　体育教学目标的设计

第一节　体育教学目标简介

一、体育教学目标的层次

（一）学年（学期）体育教学目标

学年体育教学目标是根据"学段体育教学目标"确定的，是对该学段内每个学年（学期）体育教学活动的分解与不同要求，是在该学年（学期）学习结束时必须得以实现的目标。学年（学期）体育教学目标，在性质上属于计划性的，一般都是根据体育课程的总目标和水平目标的要求、各个学校的实际、学生的兴趣与爱好及体育课程内容的特点等来制定。学年体育教学目标的编写者一般是由各个学校的体育教研组或体育教师组成的，通常会出现在体育教学计划中。

（二）单元体育教学目标

单元是指"各门课程教学中相对完整的划分单位，反映着课程编制者或教师对一门课程及其概念体系结构的总的看法，以及在此基础上对这种结构按照教育科学的要求，所做的分解和逻辑安排"。通常情况下，教师按照单元组织教学活动。单元体育教学目标就是依据"年级体育教学目标"和学期教学的分配计划，对安排在每个学年学期中的单元教学的具体要求，单元体育教学目标对指导教师的体育课教学具有重要意义。单元体育教学目标，主要依托各个体育课程内容，如某个运动项目的特性来制订，即不同体育课程内容的不同价值、功能、特点等，决定了其教学目标也是不同的。

（三）课时体育教学目标

课时体育教学目标，也称为体育课堂教学目标，在性质上属于操作性的，是最微观层面的体育教学目标。该层次体育教学目标的达成度会影响到体育课程目标的实现。课时体育教学目标，是由每堂体育课具体的教学内容以及学生具体的学习特点和需要所决定的，同时还要考虑一堂体育课的具体教学时空情境和条件（或具体的体育教学环境）等因素，其体现在体育教师的教案中。课时体育教学目标是体育教学目标体系中最具灵活性，也最活跃的要素，是一系列体育教学目标得以逐层落实的基础。

体育教学目标是一所学校在确定体育课程的实施方案并制订单元为基础的全年教学计划以后，由任课教师制订的，是教师制订学段体育教学目标、学年（学期）体育教学计划、单元计划和课时计划的根据。在过去，我国较为重视的是课时计划，并把一堂课看作是最基本的教学单位。其实一堂课是最基本的教学单位，却不一定是一个完整的基本教学单位，因为一堂课不能把一个教学系列完整地教给学生，有时只完成其中一部分。只有一个教学单元才能把一个完整的教学系列教给学生。①运用大单元进行教学是国外许多体育教学专家所提倡的教学方式，大单元教学它比一般传统的体育课单元时间跨度要长得多，大单元教学一般由15～20节课组成，课时太少就难以达到良好的教学效果。②现代教学理论对学生的认知性学习在体育教学中越来越被重视，而作为认知性学习基础的发现式学习法或假说验证式学习法都是一个较长的学习过程。对单元认识的变化也必然改变人们对体育课程内在规律的认识和体育教学过程的研究和改革。因此，我们认为单元教学的改革是现阶段我国体育教学改革的重要突破口之一，在改革的新形势我们应当更为重视单元教学计划的构建和单元教学目标的制订。①

二、体育教学目标的特点和功能

（一）体育教学目标的特点

第一，体育教学目标是教与学双方合作实现的共同目标，对体育教师而言是

---

① 张细谦.体育课程与教学论［M］.广州：广东高等教育出版社，2013.

教授目标，对学生来说是学习目标；但是，体育教学目标表现为体育教师教学活动所引起的学生终结行为的变化，即着眼于教而落脚于学。

第二，体育教学目标是体育教学活动预期的结果。这种预期的结果存在于体育教学实践活动之前，布鲁姆认为，有效的教学始于教师知道希望达到的目标是什么。也就是说，在教学活动之前，即预见到体育教学活动可能促使学生在掌握体育知识、技能、方法以及身心发展等方面发生哪些变化。预期要达到的目标是否科学、具体、明确，直接影响到体育教学活动的成效，是人们对体育教学活动结果主观上的一种期望。

第三，体育教学目标是通过体育教学活动可以达到的结果。相对于学校体育目标和体育课程目标而言，体育教学目标符合学校、班级、学生以及体育教师的实际与特点。

第四，横向上，对照不同的学习方面将有不同的体育教学目标，各目标相互独立又彼此呼应；纵向上，体育教学目标又是由学年（学期）教学目标、单元教学目标和课时教学目标构成，各目标之间层级分明、连续递增。下位目标是上位目标的具体化，上位目标是在下位目标达成的基础上才能最终实现。于是，体育教学目标呈现出一个纵横交错、相互衔接的有机整体。

第五，体育教学目标最终要落实到师生具体的体育教学活动中，因此，只有在目标中详细说明学生在什么条件下，应该做什么，做到什么程度，才能为体育教学活动的具体操作提供导向，也才能为体育教学评价提供可测量标准。

换言之，体育教学目标必须具体、可行，体育教学目标具有可测性。体育教师的教和学生的学的结果，以通过一定的方法与手段进行测量和客观评价，才具有应用的价值。

第六，体育教学目标应根据确切的教学内容、具体的教学条件、学生的学习特点，课时分配等因素综合制订，这就要求教师必须因校、因课、因班制宜，依具体教学实际编制，内容和水平应有一定弹性，以便灵活掌握。具有灵活性的教学目标对于更好地适应学生的身心特点，使其通过教学目标的实现而获得相应的身心方面的发展，具有不容忽视的重要意义。

（二）体育教学目标的功能

1.激励功能

目标反映了人的愿望和努力方向，当明确的目标意识延伸到人的行为领域，并同行为相联系的时候，则形成动机和动力源泉。虽然体育教学目标并不完全是由任课教师和上课学生群体制订的，但合理的体育教学目标必定充分反映着教师的努力方向和学生的学习愿望。目标设置理论（美国马里兰大学管理学兼心理学教授Ediwin A.Locke于1968年提出来的）认为，目标本身具有激励作用，目标能把人的需要转化成动机，使人们的行为朝向一个方向努力，并将自己行为的结果与既定的目标相对照，及时进行调整和修正。从而能实现目标。因此，科学合理的体育教学目标必定可以指引教师的工作，必定可以激励学生的学习。体育教学目标激发动机功能的真正实现，也取决于其价值是否被学生认同及其难易程度是否适中。体育教学目标的价值要想被学生认同，就必须与学生的内部需要相一致。只有体育教学目标符合学生的内部需要，才能够激发学生的动机，引起学生的兴趣，转化为学生积极参与体育教学活动的动力。所以，明确、具体而切实可行的教学目标可以激励学生努力地学习。

2.定向功能

既然体育教学目标是体育教学活动的预期结果，那么必然要制约着体育教学设计的方向，为体育教学过程提供指导。体育教学设计是为实现预期的体育教学目标制订的策略，教师和学生对方法、手段及教学组织形式的选择，场地、器材的使用，教学情境的创设，等等，都要以体育教学目标为依据，并指向于一定目标的达成。因此，体育教学目标是"的"，体育教学设计是"矢"。只有有了明确的体育教学目标，体育教学设计方能切实有效。

明确的体育教学目标，还可以为体育教学中的师生活动指明方向，从而避免教学中的盲目性。这一功能主要是通过影响人的注意而实现的。明晰、具体的体育教学目标，将会引导师生的注意专注于与目标有关的因素上，尽量排除无关刺激的干扰，保证目标的顺利实现。一般来说，目标指向正确，产生正向效果；目标指向错误，导致负向效果。因此，教师必须在体育教学一开始，就向学生指明教学目标，并以此来引导学生，保证积极的教学效果。

3.规约功能

体育教学目标不仅在方向上对体育教学起着指导作用，而且在具体的步骤和方法上也具有规约的作用。体育教学目标预先规定了体育教学的大致进程，体育教学的展开过程就是体育教学目标得以一一实现的过程。因此，清晰的体育教学目标有利于体育教师对教学活动的控制，有利于提高体育教学设计的预见性和科学性。

4.衔接功能

如果制定好每一个阶段的体育教学目标，就可以保证阶段体育教学目标的总和等于总的体育教学目标，那么就意味着总的教学目标可以顺利完成；反之，如果制定错了阶段体育教学目标，就使得阶段体育教学目标的总和不能等于总的体育教学目标，那么就意味着总的教学目标没有完成。因此，正确地制定好各个层次的教学目标，层层目标衔接，是最终实现总目标的可靠保证。

5.检验功能

体育教学目标是个到达点，是个标志，因此其本身就是很鲜明的和可判断的标准，阶段性目标的达成与否是在教学过程中进行体育教学质量评价的标准；而总目标的达成与否就是在教学过程终结时进行体育教学质量检验的标准。所以体育教学目标确定之后，是否达成既定目标就成为测评教学效果的尺度和标准。在体育教学中，教学效果的检测和评价，就是以体育教学目标为依据，用客观的信息来显示教学效果是否达到或在何种程度上达到了既定的目标。因此，进行科学的评价首先要提供可行、可测的体育教学目标。[①]如果缺乏科学、客观的衡量标准，测验的效度、信度、难度、区分度都将失去合理的保障，以此来衡量和检验的教学效果就会导致失误。从这个意义上说，科学、合理的体育教学目标，是科学检验体育教学效果、确定客观评价的基础和标准。

三、教学目标的制定

合理的体育教学目标对于体现体育教学的功能，完成人们对体育教学的价值期待是非常重要的，它的意义主要体现在以下几个方面。

---

① 张细谦.体育课程与教学论［M］.广州：广东高等教育出版社，2013.

（一）充分发挥体育教学的功能，合理地制定体育教学目标

能够明确实现体育教学所期望的具体指标，如通过传授体育基本理论知识、基本技术可以使学生在认知目标方面建立正确的体育观念，掌握与应用体育健身方法理论，养成良好的健康习惯和提高对体育运动的欣赏水平。通过体育运动项目技术的学习与训练可以使学生在技术、技能目标方面获得锻炼身体的内容、方法。使学生学习、掌握和应用体育运动技术，在参与体育的过程中提高身体素质（力量性素质、耐力性素质、速度性素质、灵敏性素质和柔韧性素质）水平，掌握与提高运动的基本技术和锻炼身体的方式、方法，形成良好的运动技能。通过体育教学的运动参与健身实践，使学生在情感教育目标方面形成良好的集体主义精神、奋发向上的观念、勇敢顽强的品质和社会竞争的意识等。

（二）合理的体育教学目标是达到体育教学目的的根本保证

体育教学目标是达到体育教学目的预期标准，如促进学生身体的健康发展，有效地增强学生体质是体育课程教学的总目的，为达到体育课程教学的总目的，合理的体育教学目标应该在学生参与体育教学的实践过程中，制定体育教学的认知目标、技术技能目标和情感教育目标，使学生在每个学年、学期、单元以及每节课都能够在体育教学的良好氛围中学习体育的基本理论知识，体育运动技术、锻炼身体的方法，使他们形成良好的运动技能，形成良好的健身习惯和自我锻炼的能力，从而实现学年、学期、单元以及每节课的体育教学目标，达到科学地促进学生身体的健康发展，有效地增强学生体质的体育教学目的。

（三）加强体育教学目标的系统的衔接，逐步实现体育教学的总目标

为达到体育教学的目的，根据体育教学健康第一的指导思想，制定好了每一学年、学期、单元以及每节课的体育教学目标，就可以保证逐步实现每一教学阶段体育教学目标过程中，最终实现体育教学的总目标，因此，正确地制定好学年、学期、单元、每节课各个层次的教学目标，使学年、学期、单元、每节课各个层次的教学目标构成有机的衔接性、系统性，是逐步实现每节课、单元、学期、学年及学段的阶段性目标，从而最终实现体育教学总目标的根本保证。

（四）体育教学目标明确和落实体育教学的任务

根据教学发展的基本规律，体育教学的目标决定着具体的体育教学任务，目标是方向的标志，体育教学的任务是根据实现体育教学目标的可能性设置的，因此，要有具体的体育教学任务来支撑体育教学目标的实现。体育教学任务要以体育教学目标为依据，合理的体育教学目标中体育教学任务具体、明确、清楚，体育教学目标是完成体育教学任务的标准与方向，而完成体育教学任务是教师与学生在参与体育的过程要做的具体工作与职责，有了明确的标准与方向，教师与学生完成教学任务时才能"有的放矢"，提高体育教学的效率和质量。

（五）依据体育教学目标对体育教学过程进行调节与控制

体育教学目标不仅在方向上对体育教学起着指导作用，而且在具体的步骤和方法上也具有规定与制约作用。体育教学要取得理想的预期结果，先实现那些最初阶段的具体目标，再实现后续阶段的具体目标，最后实现体育教学的总目标。最初阶段的具体目标、后续阶段的具体目标和体育教学的总目标之间存在着系统的衔接性，所有这些因素都要在制定具体的体育教学目标时科学地设计。体育教学目标设计与筹划了体育教学的大致进程，体育教学的实施过程就是从实现每节课、单元、学期、学年及学段的阶段性目标，从而最终实现体育教学总目标的实践过程。在体育实践中，体育教学目标对体育教学过程始终都保持进行调节与控制的功能，合理的体育教学目标有助于体育教师对教学活动的调节与控制，有利于提高体育教学设计的预见性和科学性。

（六）体育教学目标指引、激励教师的教与学生的学习

体育教学目标反映了体育教师、学生参与体育教学活动的目的、期望与教学的方向和标准。运动心理学的有关理论证实，当明确的目标意识延伸到人的行为领域，并同行为相联系的时候，则可使人形成行为动机和形成行为的动力源泉。体育教学目标是由体育教育管理的行政部门根据学校体育的目的、学校体育的指导思想制定的，体育教学目标充分反映了教师教学的方向和学生学习的目标，科学合理的体育教学目标是指引教师进行体育教学工作的指南和准则，是激励学生学习和期望的结果与努力的方向。

体育教学目标为教师指明了体育教学工作的预期成果，使他们清楚地知道自己工作的努力方向。体育教学目标的不断实现还会使教师受到鼓舞，实现过程中的困难也会促使教师去发现和解决问题，所以明确、具体而切实可行的教学目标可以指引教师努力地工作。同理，体育教学目标也为学生的体育学习提供了达成的标志，使他们清楚地知道自己与预定目标之间的差距，学习目标的不断实现能使学生受到鼓舞，学习过程中的困难也会使学生受到鞭策。所以，明确、具体而切实可行的教学目标可以激励学生努力地学习。

（七）体育教学目标是形成检验与评价体育教学成果的依据

体育教学目标是体育教学的终末结果，是体育教学过程结束时应达到的具体标准，因此其本身就是判断学习结果的标准，阶段性目标的实现与否是体育教学过程中进行体育教学质量评价的依据。而总目标的实现与否就是在教学过程终结时进行体育教学质量评价的依据。

四、确定教学目标应注意的问题

确定教学目标应注意以下几个方面的问题。

1.教学目标的制定必须符合体育课程教学指导思想，是否能更好地贯彻体育课程教学的指导思想。教学目标的语言表述应精简扼要、清楚具体、确切可行。

2.综合应用学习的基本理论进行体育教学设计，坚持"以学生为本"的教学理念出发，制定教学目标主要从学生的认知教育目标、技术技能教育目标、情感教育目标三个基本方面制定。允许学生以不同方式，在不同程度上达成，并表明学生达成的标准与范围，具体的教学目标应清楚、精略地表述出它的基本要素，同时应以理解、感知、掌握运动技术和健身方法基本理论、动作技术结构以及形成良好的运动技能为主导和前提，充分体现认知、技能和情感教育目标达成的层次性，保证实施教学过程中可评价与测量性，以及实施教学活动的可操作性；

3.制定具体的体育课程教学目标时，还应考虑学生学习的重点和难点，依据体育教学资源（包括教学课程内容资源、场地设施资源等硬件资源）、学生情况（学生的认知结构、身体素质、已具有的体育训练水平等）、体育师资水平（体育教师的人文素质、身体素质、体育的基本理论知识、运动技能、教学组织能力等）合理地制定教学目标。

根据学生原有的认知结构、身体素质、已具有的体育训练水平等，结合当前学习的具体目标点，与学生部分已达到的教学目标表现，制定体育课程教学的具体目标要符合学生实际，充分考虑学生整体的共性以及学生个体的差异，所制定的目标必须符合学生的实际情况，避免过高或过低，力求做到合适。通过教师科学的教和学生努力地学而能实现的目标才是合适的目标。[①]

第二节　体育教学目标设计

一、体育教学目标设计的原则

体育教学目标设计的正确与否，与体育教学质量有着直接的关系。要想设计出科学合理的体育教学目标，必须遵循一定的原则。

（一）科学性原则

体育教学目标的科学性是指教学目标要符合不同阶段学生身心发展的特点，有效地促进学生的生长发育。体育教学目标的科学体系包含五个方面：

（1）要体现体育学科的特点；

（2）要全面，即包括认知、情感、动作技能、身体素质和健康素质诸多领域的目标；

（3）要根据教材的特点，突出重点和难点；

（4）要具体、可操作；

（5）难度适中，所设计的目标的难度应该在学生的能力范围内，既不能过高也不能过低。

（二）灵活性原则

可以从两个方面理解灵活性的含义：一为教学目标要关注学生的个别差异。

---

① 赵静，马莹，马玉龙.体育教学理论问题与实践应用［M］.长春：吉林大学出版社，2013.

体育教学目标的设立尽管是面向全体学生的，但由于不同学生在体育基础和能力等方面存在一定的差异，因而目标应具有一定的灵活性，这在课时目标中的体现尤为明显。[①] 这就要求教师要尽可能地将教材按照难度设立不同等级，并根据每个学生学习能力与掌握动作的实际水平设定能够达到的等级目标。二为教学目标不是一成不变的。教学活动会受到诸多因素的影响，事先制定且主要体现教育者意志的教学目标是否适合，还要通过教学实践评价再加以判断。教师可根据这一反馈信息对原定目标或下一阶段目标进行调整。

（三）整体性原则

体育课堂教学目标的指标是单元目标和课时目标。在编制体育课堂教学目标时，首先要把握学校教育目标和体育课程目标，从整体出发，充分反映学校教育目标和体育课程目标的总体要求，并注意处理好一般和具体的关系。

（四）可测性原则

制定体育教学目标如果仅仅是教师的假设和期望，而不能确切表达学生应有的学习结果，例如只是使用"了解""掌握""熟练掌握"等词，缺乏质和量的具体规定性，这样的目标可测性、可比性都较差，就很难准确测量和评价最终的教学效果，也难以指导教师正确选择教学方法、妥善组织教学过程。因此，一个具有明确要求的体育教学目标一般应具备以下两方面要求：第一，要能表明教师可观察到的学生学习的结果；第二，要能表明学生行为结果的衡量条件与标准。

（五）长期目标与短期目标相结合原则

"长期目标应同短期目标相结合。所设定的目标不应该直接指向终极目标，相反，长期目标应该根据教学情况分成几个子目标。当子目标被实现后，就自然加大了实现长期目标的可能性"（美国心理学家Hogur和Gree）。[②] 他们研究的成果表明，长期目标与短期目标相结合是具有合理性的，因为短期目标能够给学生以期望，调动学习的积极性，长期目标学生可以看到希望，长期使用长期目标会破坏

---

① 杨铁黎.体育教学指导 小学［M］.北京：高等教育出版社，2011.

② 胡金平.体育与健康新课程及教案评析［M］.北京：人民体育出版社，2005.

学生的学习兴趣。

上述体育教学目标设计的原则，是设计体育教学目标之前必须了解和掌握的，它对体育教学目标的设计具有方向性指导作用，对提高体育教学质量与效果具有非常重要意义。

二、体育教学目标设计

体育教学目标是制定体育教学计划的核心工作，是体育教学的出发点和归宿，决定体育教学发展的方向，它的设计正确与否，直接关系着体育教学质量与效果。教学目标设计应注意遵循以下基本要点。

（一）整体系统

系统化要求我们用系统的方法来设计教学目标。先从教学目标及其设计的关系看，我们要把握住我国整个教育目的的系统性，现在主要是横向系统与纵向系统。

关于体育教学目标横向分类，美国体育学者安娜里诺根据布鲁姆"教育目标分类学"创立了"体育教学目标操作分类学"，将体育教学目标分为四类：身体领域（机体发育）、运动领域（神经肌肉发育）、认知领域（智能发展）、情感领域（社会、个体的情感的发展）。

近年来，有人根据布鲁姆的教育目标分类，把体育教学目标分为知识、技术技能和情感三个领域，并进行了学习水平的分层。

体育教学目标有五个层次——学校体育目标、课程目标、教学目标、单元教学目标和课时教学目标。这五个层次"由上而下"通过不断地具体化，从而形成一个完整的体系。学校体育目标、课程目标，都已由国家的教育方针、课程计划、课程标准规定下来，所以体育教师主要设计单元教学目标和课时教学目标即可。在进行这两种教学目标设计时，必须考虑到目标体系的横向作用和纵向联系，如上位目标的要求，各层次目标的连续性和递阶性，单元教学目标之间、课时教学目标之间的相互联系、相互促进。

从教学目标的纵向分类和横向分类来看，在设计教学目标时，先采用纵向分析法，即由一般的教学目标分析到具体的教学目标分析，然后采用横向分析法，即在纵向分析的每一类教学目标中再进行横向分类。[①]

（二）目标细化

教学目标要分解成细致的操作目标，才可使教学目标的要求落到实处。教学目标的细目分解直接关系教学效果和教学质量的提高，每个教师都应具备目标细目分解的能力。

（三）表述正确

为了使制定的教学目标不产生分歧，可以直接指导教学，易于检测评估，就必须将教学目标做确切表述，以明晰地表述预期结果的外显变化。如"学生能正确掌握动作"这一目标可进一步阐述如下："学生通过练习，体验动作方法，逐步掌握正确动作。"

（四）难度适宜

教学目标制定要难度适宜，发挥激励功能。所谓难度适宜，是制定的目标学生可以通过自的努力达到教学的要求。学生之间有一定的差异，对于同样的教学目标，学生所掌握的情况存在差异。因此教师在确定教学目标时，应了解学生的学习实际，实事求是地制定教学目标。适度的教学目标可以刺激学生的学习动机，调动学生的学习积极性，一旦达成目标，可使学生体验成功的愉悦感，发展其各种能力。

《体育与健康课程标准》实验以来，选用教材内容以后，根据课程标准要求，如何制定教学目标，运用合理的教学组织形式、联系方式，通过课堂教学来体现课程基本理念、实现课程价值、课程目标。使学生达到各领域水平目标，是体育教师所要解决的实际问题。下面以排球教材为例，根据水平目标要求和学生实际及场地、器材等情况，制定以下教学目标：

1.分析教材，制定五个领域的目标

（1）运动参与领域目标。能够以合理的方式促进学生参与的热情，运用排球运动的各种基本内容形式积极参与课内和课外锻炼，引导学生合理安排锻炼时间，

[①]　姚蕾.体育教学论学程［M］.北京：北京体育大学出版社，2005.

知道其意义和作用。

（2）运动技能领域目标。了解排球运动的基本技术、战术知识和竞赛规则，用合理、安全的方法进行运动，在练习或比赛中避免粗野和鲁莽动作，观看并讨论不同形式的比赛，利用各种不同条件的场地，安全地进行排球运动（如在野外平坦的土地、草地、沙滩）。

（3）身体健康领域目标。通过多种形式、内容的练习，发展学生的体能，认识和理解排球运动锻炼对身体形态、机能发展的影响，了解锻炼后的饮食卫生、能量补充对身体的影响和作用。

（4）心理健康领域目标。通过排球运动，了解心理状态对健康的影响，逐步增强自尊和自信，学会调控情绪的方法（如肌肉放松、自我暗示、呼吸调节、作息安排），形成克服困难的坚强意志品质（如知道适合的目标、自我评定、了解可能遇到的困难并加以克服）。

（5）社会适应领域目标。通过练习和比赛，使学生有良好的合作精神与道德感，并在运动中建立和谐的人际关系。简单了解我国排球运动方面取得的荣誉和一些有教育意义的名人的事迹，进行民族荣誉、国家荣誉、自我健康发展的教育。

2.选用技术动作内容，确定大体的教学目标

3.以第八次课为例，制定本课的教学目标

例如本节课采用排球运动中传球、垫球、发球等基本技术的综合练习，及以上技术在教学比赛中的应用，利用教学活动体现对学生在身体、心理和社会适应方面的目标要求。

（1）使学生掌握基本的排球技能，进一步了解和掌握比赛的基本知识。

（2）充分体现学生的主体地位和教师的指导作用，培养学生的运动兴趣、积极主动的实践与能力。

（3）培养团结协作、勇于进取的顽强作风和胜不骄、败不馁的意志品质，正确对待胜负的良好心理品质。[①]

教学目标制定后，在教学过程中，可以根据学生与教学的实际情况灵活调整，为学生的学习、活动、锻炼、合作等方面提供更大、更宽松的空间，以利学生在体育与健康课程的教学中更多地受益。

---

① 李海，裴鹏.体育教学案例分析与详解［M］.北京：北京体育大学出版社，2014.

三、体育教学目标设计的依据

（一）学校体育的功能

学校体育的功能影响着体育教学目标维度的确定。随着对学校体育多项功能的挖掘，教学目标的维度也趋向多元化。

（二）学校体育总目标及每一目标层次的上位目标

每一上位目标都是其下位层次目标的积累，每一下位目标都是其上位目标的细化。因此，设计教学目标时，应以其上位目标，包括学校体育目标为依据。

（三）体育教学内容

体育教学目标的设计必须在认真分析教学内容的基础上，通过对体育教学内容基本结构和特点的整体把握，分析其中的教育元素，确定体育教学的重点和难点，为建立体育教学目标奠定基础。

（四）学生的条件

学生的条件主要包括学习进度、学习状态、学习能力，以及学生对体育的兴趣、态度、需要、学习倾向性等个性因素。需要说明的是，体育教学目标的设计在考虑学生群体特征时，还应充分考虑学生个体的差异性，以使每个学生都得到充分发展。

（五）学校物质条件的制约

在设计体育教学目标时，还应考虑到学校现有的物质条件，主要指满足体育教学的场地、器材、设施等，以便使所涉及的体育教学目标更符合实际，具有可行性，切忌好高骛远。

第五章　体育教学策略的设计

第一节　体育教学策略简介

一、体育教学策略的概念

　　教学策略是教师为实现教学目的，完成教学任务，在对教学活动取得清晰认识的基础上，根据学习内容、学习者的知识水平和理解与认识能力以及学习过程等因素而对教学活动及其因素进行计划、评价和调控而采取的一系列执行过程，包括教学活动的元认知过程、教学活动的调控过程和教学方法的执行过程。[①]体育教学策略是指体育教师为了达成体育教学目的、完成体育教学任务，根据教学实际情况而采用的教学程序、方法、手段、技巧和控制方式。体育教学策略主要包括两大类：对教学全局发生作用的宏观教学策略和由教学方法与技能构成的微观教学策略。

二、体育教学策略的特征

（一）指向性

　　体育教学策略是为体育教学服务的，它的指向性是非常明确的，一般指向特定的问题情境、特定的教学内容和特定的教学目标，并对师生的体育教学行为加以规定。因此，体育教学策略只有在具体的条件下，在特定的范围内才能发挥出它的作用。当某一特定的任务完成之后，这一策略及其相应的手段就不再继续有

---

① 　张细谦.体育课程与教学论［M］.广州：广东高等教育出版社，2013.

效，而必须探索新的策略。

（二）整体综合性

体育教学过程是一个彼此之间相互联系、相互作用的整体，因此体育教学策略并不是某一单方面的教学谋划或措施，而是具体教学方式和措施的优化组合。

（三）可操作性

体育教学策略要有与教学目标相对应的方法、技术和实施程序，它要转化为教师与学生的具体行动。这就要求教学策略必须是可操作的，即达到教学目标的具体实施计划或实施方案要有明确具体的内容、实施方式及步骤。这是体育教学活动具体展开的基本依据。[①]

（四）教学调控性

体育教学策略的调控性表现在：教师能够对教学进程及其各种要素进行反思，及时把握教学过程中的各种信息，及时反馈和调整教学进程及师生相互作用的方式。

（五）灵活性

体育教学策略的灵活性是指，体育教学策略具体体现在教与学的相互作用的活动中，其运用要随目标、内容、环境和学生的变化而变化。例如，在某项教学过程中，可以采用多种教学策略，同时，一个教学策略也可用在多种教学过程中。

三、制定体育教学策略的依据

（一）体育教学目标

体育教学策略是完成特定的体育教学目标的有效手段，所以体育教学策略应该根据体育教学目标来选择。选择体育教学策略应以能够实现这个体育教学目标

---

① 中公教育教师资格考试研究院.国家教师资格考试专用教材，体育与健康学科知识与教学能力，高级中学 2015 最新版［M］.北京：世界图书出版公司北京公司，2015.

为原则。

（二）依据学习和教学理论

体育教学策略是保证教学取得成功并促进学习发生的方法。作为一种方法，它应该遵循学习规律和体育教学规律。

（三）符合体育学习内容

内容决定方式，体育教学策略就是完成体育教学内容的方式。

（四）符合教学对象的特点

不同的学生具有不同的学习风格。我们要采用符合学生特点的体育教学策略。

（五）考虑体育教师本身的条件

要采用体育教师能够驾驭的体育教学策略，有的体育教学策略虽然有效，但体育教师驾驭不了，仍发挥不了作用。

（六）考虑当地教学客观条件的可能性

体育教学策略的实施要受到条件的制约，如体育教学设施条件等，所以，在制定体育教学策略时，要充分考虑现已具备的各种客观条件。[①]

四、制定体育教学策略的原则

（一）能够为学习做准备

学习的主要目的是完成学习任务，要想达到这一目标就必须掌握一定的知识技能，具备一定的学习能力，这不仅能够使学生获得学习上的成功，还能使他们在学习时间和精力的安排上趋于合理。学生也能借此准备状态，对新的学习获得适当的"心理定向"，明白主观条件的利弊。

[①] 佟晓东，刘铁.体育教学设计与实践［M］.沈阳：东北大学出版社，2009.

（二）能够产生学习动机

在学习过程中，学习动机是学习取得良好效果的内驱力，如果学生对所教的东西具有学习的欲望，就会产生积极进取的态度，必然会取得良好的成果。这种欲望，也即学习动机能够对学生产生激励作用，因此，教师在教学过程中所提供的学习内容和活动方式，应当对学生具有挑战性，并且要使学生相信他们能够成功。

（三）能够做到目标有范例

在教学过程中，对于教学目标应该有比较明确的阐述，而且要尽量用典型的例子为学生阐释教学内容，以便于学习任务的顺利完成。通过范例，使学生对需要掌握的知识技能有理解的方向和模仿的榜样。比如，可以向学生提供正确的技术动作示范，通过观看各种体育比赛学习体育动作等。

（四）内容组织合理

依照逻辑层次和心理程序把体育教学内容组织起来，同时对体育教材的呈现序列进行慎重的安排，通过这些工作使学生能够循序渐进地理解知识并长久地记忆它们。每次呈现体育教材内容组块的大小时则应该依照体育内容的复杂和困难程度，以及学生的特点、学习的类型来确定。组块过小，学生会感到太容易而浪费时间；组块过大，学生可能不胜负担而失去信心。

（五）能够给予适当指导

在学生尝试做出所要学习的行为表现的时候，应该给予指导和提示。当然，这种指导并不是随时都需要的，在体育教学中，随着体育教学的进程的进行，指导应该逐渐减少，也就是说把注意必要信息和加工处理信息的责任转移给学生，以便于他们在没有体育教师指导或提示的情况下也能完成学习任务。

（六）能够使学生做出积极反应

在体育教学开始进行的时候，虽然让学生看到或听到目标范例是一种比较好的策略，但是只有当他们能将此行为表现出来，才会达到成熟。因此，在学习过程中学生所接受的刺激和做出的反应，应当尽量与体育教学目标的刺激反应相匹配。

（七）能够给学生重复练习的机会

不断或定期地练习新学的知识和技能能够促进记忆和迁移，锻炼学生的应用能力。需要在各种不同的情境将所学习的知识技能予以练习，如果练习的行为与体育目标接近或相似，效果更为明显。

（八）能够使学生及时知道自己的结果或情况

学生应该及时地或经常地明白自己理解和反应正确与否，并且，为了强化学生的行为，必须让学生知道成功反应后能够得到的好处。可能的话，应该提供给学生一种效果标准，以评定自己反应的正确性。当学生个人自信反应正确，则外部的证实也许没有必要。但是，当他们不能确信的话，则这种反馈绝对必要。当学生反应不正确的时候，则应适时告诉他们正确的反应。①

（九）应注重个别差异

在体育教学活动中，活动的安排需要考虑学生的差异性，如每个学生的个体心理特点，兴趣爱好、学习能力、气质和性格等的不同。在教学过程中应体现"以学生为本"的原则，制定教学策略时要设身处地以学生为出发点，尤其是对于那些学习成绩不够理想的学生，更应该给予理解和尊重。体育教学设计要把促进每一个学生在各自的基础上不断提高作为根本目的。

五、体育教学策略的结构

（一）体育教学指导思想

体育教学指导思想是制定体育教学策略所依据的理论基础。教学指导思想能够对具体的体育教学策略做出解释，以体育教学策略的核心理论做支撑。在体育教学策略的制定和实施过程中，不同教师拥有的教学思想不同，所采取的教学策略便不相同。例如，要促进学生与学生之间的互动，就可以采用群体合作体育教

---

① 佟晓东，刘铁.体育教学设计与实践［M］.沈阳：东北大学出版社，2009.

学策略。

（二）体育教学目标

任何一种教学策略都指向了一定的教学目标，体育教学策略也不例外。体育教学目标是体育教学策略的核心要素，对其他体育教学要素起着制约作用。在体育教学策略的运用过程中，不管是活动内容还是活动细节、活动方式，或者是活动的程序都是指向了体育教学目标，它们也是为了达成体育教学目标而存在的。因此，体育教学目标不同，所采取的体育教学策略便不同。所以，在体育教学过程中，体育教师制定体育教学策略时必须明确学习本单元、本课时之后应该达成什么体育目标，怎样去达成这些目标。对体育教学目标的分析，是制定和选择有效体育教学策略的关键。

（三）实施程序

体育教学策略是根据具体的体育教学目标而组织起来的，因此具有一定的程序和操作序列，也就是说体育教学策略按时间展开的逻辑活动步骤。因为体育教学活动具有一定的复杂性和特殊性，这就决定了体育教学策略的实施程序只能是基本的和相对稳定的，而不是僵化的和一成不变的，也就是说体育教学策略的实施程序有一定的前后顺序，但没有定式，可以随着教学条件的变化以及教学的进程及时调整和变换。

（四）操作技术

操作技术指的是体育教师运用教学策略的方法和技巧。要保证体育教学策略的有效实施，就必须提出简明易行的操作要领，一般包括以下几个方面的内容：体育教师方面，体育教师教学策略中的角色、作用或对教师的要求；体育教学内容方面，包括体育教学策略的依据和对体育教学内容的处理；体育教学手段方面，除通常体育教学所运用的体育教学手段外，还包括运用本策略所需的特殊体育教学手段；使用范围方面，包括本策略适用的问题、性质或学生的年龄特点等。[①]

由于体育教学过程是具体而复杂的，要完成的体育教学任务也是多方面的，

---

① 佟晓东，刘铁.体育教学设计与实践［M］.沈阳：东北大学出版社，2009.

因此我们在进行体育教学时，应根据不同的教学目标、教学情境、教学环节，采用不同的体育教学策略。也就是说不仅要重视体育教学目标和学生起点水平的分析，还应注重发挥体育教师的主观能动性，根据体育教学的实际情况创造性地组织体育教学，融会贯通地理解和运用多样化的体育教学策略，从而提高体育教学效果。

第二节 体育教学策略设计

一、体育教学顺序的确定

前文已经对体育教学的基础知识进行了介绍，在了解这些基本知识的基础上，我们应该在具体的教学实践中将其加以运用，合理地安排教学的顺序，对体育教学过程进行设计。

体育教学顺序，顾名思义，指的是体育教学过程进行的前后次序。体育教学顺序包括以下三个方面：

第一，体育教学内容呈现顺序。也即体育知识技能出现的先后次序（先教什么内容，后教什么内容）。

第二，体育教师活动顺序。也即体育教师教学活动开展的前后次序（教师先进行什么教学活动，后进行什么教学活动）。

第三，学生活动顺序。也即学生进行学习活动的前后次序（学生先进行什么学习活动，后进行什么学习活动）。

体育教学顺序的三个方面是相互联系、相互配合，同步进行的，因此在设计时必须坚持整体观。其中体育教学内容呈现顺序是主线，围绕体育教学内容呈现顺序，设计体育教师活动顺序和学生活动顺序。体育教学内容呈现顺序的安排，是在分析体育教学目标的基础上，通过学习任务分析以后进行的。前面已经述及体育学习任务分析是用逆推法从终点目标出发，分析一系列先决技能，最后分析到起点能力。而体育教学内容呈现顺序正好相反，从起点能力出发，经过一系列先决技能，最后达到终点目标。[①]

二、设计体育教学组织形式

（一）概念

体育教学组织形式是指在体育教学活动中，为了实现体育教学目标，教师和学生所采取的各种结合方式。

体育教学组织形式具有一定的特点，主要表现在以下三个方面：

（1）教师和学生都服从于一定的教学程序，集体上课或小组学习。

（2）教师和学生的活动均有一定的时间限制。

（3）教师和学生在活动中结成一定的"搭配"关系，他们直接或间接地相互作用。

（二）意义

1.有利于体育教学目标和教学内容的实现

体育教学目标的达成、教学过程的实现、教学原则的体现、教学方法的运用等，最终都要综合、集结、具体落实到一定的体育教学组织形式中去，要以各种各样的结构方式组织起来开展活动，并表现为一定的时间序列，发挥其集合作用。体育教学组织形式是体育教学的具体落脚点，带有综合、集结的性质。教学组织形式是否科学、合理具有重要的理论意义，对体育教学活动的开展和效果有直接意义。[②]

2.科学、合理的体育教学组织形式有利于大面积地提高学生的学习质量

体育教学组织形式是将教师的教和学生的学联系起来的具体方式，它主要研究的是如何将体育教师和学生组织起来的问题；体育教学场地时间和空间的安排及其科学分配，体育教学的内容、规律、原则、方法如何更好地组织起来并发挥作用的问题。因为合理地确定体育教学中体育教师与学生的人员组合，科学地安排体育教学活动的组织顺序，可以充分利用有限的场地、器材、设备，尤其在物

---

① 佟晓东，刘铁.体育教学设计与实践［M］.沈阳：东北大学出版社，2009.

② 杜俊娟.体育教学设计［M］.北京：北京体育大学出版社，2007.

质条件不充足的条件下，更要周密安排，以最大限度地发挥体育教学系统的功能，提高学生的学习质量，因此，研究体育教学的组织形式具有特殊重要的意义。[①]

3.体育教学组织有利于发展学生的个性和情感培养

由以上的分析我们可以了解到，在某种程度上来说，体育教学组织形式反映的正是在学校中师生之间以及学生相互之间的交往方式。恰恰是这种方式，在很大程度上会对学生的个性、情感和学习态度等产生重要的影响。比如，采用班级教学形式，有助于培养学生良好的人际关系，形成健全的个性品质。采用合理的教学组织形式，有利于体育教学活动的多样化，便于解决因材施教的问题，促使学生的兴趣、能力、特长、个性得到更好的发展。

（三）体育教学组织形式选择的原则

1.灵活性

体育教学的形式是灵活多样的，因此，体育教学组织形式也应该根据体育教学内容和课的任务与要求、人数、性别等情况灵活地选择，只有如此才能把课上得有声有色。

2.合理性

在体育教学中，学生只有经过反复的身体练习，才能建立动力定型，掌握运动技能，提高健康水平，这是体育教学的一个显著特点。既然如此，为了增加学生的练习时间和次数，教师必须对体育场地和器材的实际情况有一定的了解，这样才能根据实际情况选择最佳的教学组织形式，提高教材的利用率。与此同时，体育场地的布置也要合理，器材的摆放位置、距离要在不相互影响练习的前提下尽量靠近，以减少队伍的调动。

3.针对性

由于体育教学对象是性格各异、年龄不同、个人身体水平参差不齐的学生，所以在选择体育教学组织时，也应该针对不同的情况区别对待。同时，场地器材不同，教学组织形式也会不同。

4.严密性

由于我国目前的体育教学一般采用的是班集体授课制度，大部分教学班级学

---

① 佟晓东，刘铁.体育教学设计与实践［M］.沈阳：东北大学出版社，2009.

生人数偏多，这就要求教学组织必须严密、有序、有条不紊。严密的教学组织也是防止发生伤害事故的保证。

（四）体育教学组织形式的分类

1.班级教学

这是我国目前普遍采用的一种教学形式。这种教学组织形式主要是通过教师讲授、示范、演示等方法向一个班集体传递教学信息。也即将学生按年龄、学业程度分成班级，使每一个班有固定的学生和课程、统一的教学内容和进度，全班学生按照固定的教学时间表接受同一位教师的指导。

（1）行政班

当前体育课班级教学主要采取这种形式。在一个行政班进行教学时，可采用分小班或分组的组织形式。目前在我国，比较正规的行政编班建制是 40～50 人为一个班。但是由于各方面因素的限制，有许多学校班级的人数远远超过了这一标准，有的地区甚至达到 70～80 人。这就给体育教师的教学带来了很大的困难，更不要说课堂教学的有效实施了。虽然问题已经出现，但是目前和今后一段时间这种教学方式仍是主流，教师所要做的就是开动脑筋，克服困难，进行创造性的教学。

（2）男女分班或合班

男女生合班（单班）教学是指将同年级两个班的男女生合并成一个男生班和一个女生班，分别由两位教师担任男生班和女生班的课。单班分组教学是将一个自然教学班分为一个男生班和一个女生班，分别由两位教师进行教学的形式。[①]

在传统的体育教学中，各方面条件比较成熟的学校到了高中阶段大多采用男女分班上课的形式，这主要是因为随着年龄的增大，男女学生各方面的差异越来越明显（如体能、技能、兴趣和爱好等）。鉴于这一点，为了方便教师进行体育教学，通常会将两个平行班放在一起排课，然后由一位老师给两个班的男生授课，另一位老师为女生授课。这种男女生分班的教学组织形式大大地方便了教师的备课和教学，因为男女生学习内容的选择有时会大相径庭。鉴于其具有一定程度的便利性，这种教学组织形式在一定时期内还不能排除。

---

① 杜俊娟.体育教学设计［M］.北京：北京体育大学出版社，2007.

但是我们也应该看到，在小学阶段，甚至中学阶段，男、女生合班上课也是一个不错的选择。站在灵活性的立场来讲，只要学生喜欢合班上课的形式，在这种教学形式中学生能情绪高昂地投入教学活动中并从中获得多方面的益处，即使课堂教学内容是对抗性较强的运动，男、女生也完全可以合班上课。当然，究竟采取哪种方式，要根据具体情况来定。

（3）按兴趣爱好分班

根据学生的兴趣和爱好将他们分成不同的班级，可以极大地调动学生学习的积极性，促使他们自觉地从事体育活动，使学生真正获得更多的知识和技能。根据《体育与健康》课程标准所设置的学习目标，我们能够发现高中阶段的学习内容更趋于集中，比如，在运动技能学习领域中，不再要求学生广泛地学习多种运动技能，而是让学生有选择性地学好一两项感兴趣的运动方法。这种要求能够避免学生出现样样都要学，样样都不精的状况，同时还能够激发学生的体育兴趣，促使他们养成坚持体育锻炼的习惯。

（4）小班化教学

小班化教学是当今世界学校教育发展的趋势。随着对教育理论的深入研究，人们发现教育的质量和受教育群体的人数有着密切的联系，同时还与群体、教师的位置有非常重要的关系。国外研究资料表明，在一个课堂里上课的学生数和他们所接受的直接信息是成反比的，即人数越多，他们的信息获得就越少。[1]

大量的实践研究表明，实践性课程教学的人数最好控制在 20～30 人，这样的话教师能够及时地关注到每一个学生的操作情况，还可以进行手把手的辅导。从一定意义上说，教学质量与学生人数成反比，学生越少，教师对每一位学生进行辅导与关注的程度就会越大，这有利于提高教学质量，改善教学效益。可以预测，随着教育改革的深化和发展，在未来的教学活动中，小班化的组织形式必将得到广泛的推广。

2.分组教学

无论上课时学生的人数是多少，分组教学都是一种必要的教学组织形式。分组教学不仅能够比较生动地体现因材施教、区别对待的教学原则，同时也比较容易发挥学生骨干的作用。

---

① 杜俊娟.体育教学设计［M］.北京：北京体育大学出版社，2007.

分组教学的主要组织形式有以下几种：

（1）随机分组

随机分组是分组教学的最基本形式。所谓随机分组，就是按照某种特定的方法将学生分成若干组。例如，教师用报数的方法将全班分成若干个小组，随机分组具有一定的公平性，常在竞赛、游戏时采用。这种方法的优点在于既简单，又迅速，缺点在于没有考虑学生在爱好、能力上的差异，无法很好地体现区别对待的教学原则。

（2）同质分组

同质分组，是指将在体能和运动技能上大致相同的学生分为一组。同质分组的方法在教学中常自觉和不自觉地得到运用，例如，体操的支撑跳跃教学中，我们常设置不同高度的跳箱让学生有所选择，经过一段时间的练习，每个学生基本可以选择最适合自己的高度进行练习，这时的分组形式即为同质分组。[①]

（3）异质分组

与同质分组相对应，异质分组是指分组后同一小组内的学生在体能和运动技能方面均存在差异。与随机分组不同，异质分组是人为地将体能和运动技能水平不同的学生分成一组，或根据某种特别的需要对"异质"进行分组，从而缩小各小组之间的差距，以利于开展游戏和竞赛活动。比如，在接力跑游戏时，教师将跑动速度不同的学生合理地分配在各个小组里，这就是典型的异质分组。

（4）合作型分组

合作学习是课程和教学领域非常强调的一种学习方法。已经有人开始探索在体育教学中如何运用合作学习的模式，实际上，体育教学中学生合作学习的机会比其他课程要多得多，这主要是由体育活动的特性所决定的。无论是在游戏活动还是竞赛活动中，合作都是获得成功的重要因素之一。

体育教学中，让学生通过合作来进行练习（如接力跑、双人操、搬运重物、传递等），其意义远远超出活动本身。例如，合作跑练习既能锻炼学生的体能和技能，又能提高学生练习的兴趣和热情，还能培养学生的合作意识和集体主义精神。所以说，在体育教学中，经常采用合作型分组，有助于促进学生达成学习目标。

[①] 杜俊娟.体育教学设计［M］.北京：北京体育大学出版社，2007.

（5）帮教型分组

在合作型分组中，参与者之间的关系是平等的，是一种互为依赖的关系，但有时根据教学的需要，我们可以组织部分学生直接对其他学生进行帮助，这就形成了帮教型分组。例如，有一定专项技能的学生可以在自己所擅长的练习中帮助其他较差的同学，有时还可以指定学生进行"一帮一"的辅导。采用帮教型分组的形式所起的教学效果要比教师一个人对众多的学生进行指导好得多，同时帮教式分组的形式是主体学习的一种很好体现。[①]

然而，在帮教型分组中，由于学生之间所处的地位是不平等的，容易产生帮助者产生优越感，被帮助者产生自卑感的现象，因此，教师要使学生认识到，无论扮演什么角色，人与人之间都是平等的，每个人都有帮助他人和接受帮助的责任和义务。

（6）友伴型分组

如果让学生自己分组进行活动，大多数学生会选择与自己关系较为密切的同学在一起进行练习，这就是友伴型分组。从社会学角度来看，物以类聚，人以群分，这是自然的现象，人们总喜欢与自己熟悉的人、亲近的人聚在一起。因此，在体育教学中采用友伴型分组，可提高学生的学习热情，使每一个学生都可能体验到体育活动的乐趣。与关系密切的同伴在一起练习，学生的心理会放松，并能得到友情的支持。例如，一个不会打篮球的学生，处在一个友伴群体中，其同伴会用友好的态度、热情的鼓励带他（她）一起打球，并给予指导和帮助，同时，他（她）也会很放松地、毫无顾虑地与友伴一起活动。

过去在体育课上很少能看见这种友伴型的分组形式，因为一些体育教师认为，"友伴"在一起活动容易失控，容易打乱课堂秩序，容易在体育课上形成"小帮派"。实际上，这是由于一些体育教师总是站在教师"教"的立场上，没有充分认识到学习主体的作用，没有认真考虑学生的需要和情感。

3.个别教学

个别教学指的是教师针对不同的学生指导其学习的教学形式。这种教学组织形式的优点是体育教师能够根据每个学生的特点有区别地加以指导，学生还可以根据自己的实际情况把握学习的进度。不同程度的学生可以根据自己的能力选择

---

① 龚坚.现代体育教学论［M］.重庆：西南师范大学出版社，2009.

相应的学习内容，让每个学生都能最大限度地获得学习效益，尤其适合体能较差的学生。这样的教学组织形式有利于因材施教。

但是我们也应看到这种教学组织形式并不是完美的，它也有其缺点：一个体育教师只能教少数的学生，在资源的利用上很不经济，同时学生只限于和体育教师单一的交往，他们的交往范围被大大缩小了，失去了与同伴竞争与合作的机会，若长期把它作为唯一的教学形式，可能会缺少师生之间和学生之间的相互作用，也在一定程度上会影响学生的身心发展。此外，如果学生缺乏应有的自觉性，可能会拖延教学进度。

4.复式教学

这种教学组织形式是相对于单式教学而言的。单式教学是指在班级教学中，教师在同一地点，用同一教材，对同一年级的学生进行教学的组织形式。复式教学是指教师在同一教学地点，在同一节课上，用不同教材，将直接教学与自动作业活动配合，分别对不同年级的学生进行教学。[①]复式教学是班级教学、小组教学和个别教学相结合所形成的一种变式，这种教学组织形式在我国农村的学校体育教学中采用得比较普遍，在这些学校中，由于同一年龄、学习水平和身体发展相近的学生人数比较少，教师的人数也很有限，所以一般会将两个或两个以上年级的学生组成一个班级，由一位教师来授课。这种教学方式虽然在教学管理方面存在一定的难度，但是却有利于培养和锻炼学生自我锻炼、自我控制、自我管理等能力。只要正确地加以组织，合理编班，注意培训，发挥小助手的作用，用复式教学同样可以取得较好的教学效果。

三、常用的体育教学方法

（一）以语言传递信息为主的方法

以语言传递信息为主的体育教学方法，是指通过体育教师运用口头语言向学生传授体育知识、运动技能的教学方法，由于语言是人类交际最普通的工具，也是体育活动中最常见的行为活动。因此，语言法即便是在"精讲多练"的体育教学中，也是一种最重要的教学方法，更是教师和学生之间传递信息的最重要的媒

---

① 杜俊娟.体育教学设计［M］.北京：北京体育大学出版社，2007.

体。[①]

在体育教学中，常用的以语言传递信息为主的方法主要有以下三种。

1.讲解法

讲解法是指体育教师采用简洁、生动的口头语言，系统地向学生传授体育知识和运动技能的方法。讲解法使用得好的话不仅能把道理讲明白，而且能够将知识掌握、思想教育、发展智力和陶冶情操等有机地结合起来，构成学习的整体，最终升华为教学的艺术。

2.问答法

问答法也叫谈话法，是体育教师和学生采取口头语言问答这种互动的方式进行教学信息的传递，并完成体育教学任务的方法。这种体育教学方法的历史比较悠久，苏格拉底称之为"产婆术"。

3.讨论法

讨论法是指在体育教师的指导下，学生以全班或小组为单位，围绕教材中设定的特定中心问题，表达自己的见解，然后通过讨论或者辩论的形式学习体育知识以及运动技能的一种教学方法。体育教学中的讨论法往往伴随着"小群体教学法"来进行。在日本体育教学中，对"小群体教学法"中的讨论方法进行的开发是很多的，也有很多优秀成果。

（二）以直接感知为主的体育教学方法

以直接感知为主的体育教学方法，顾名思义，就是指体育教师通过对事物或直观教具的展示，使学生利用各种感官直接感知客观事物或现象而获得知识的方法。

以直接感知为主的体育教学方法主要有动作示范法、演示法以及纠正动作错误与帮助法等。

1.动作示范法

动作示范法是体育教师或者体育教师指定的学生，将自身完成动作作为范例，来指导学生进行学习的方法。由于动作示范法比较生动、直观，因此在体育教学中使用得非常广泛。通过这种方法，可以使学生了解所学动作的表象、顺序、技

① 佟晓东，刘铁.体育教学设计与实践［M］.沈阳：东北大学出版社，2009.

术要点和领会动作特征。

2.演示法

演示法是体育教师在体育教学中通过展示各种实物、直观教具，让学生通过观察获得感性运动认识的教学方法。多年来这种方法在体育教学中被广泛采用。对于某些示范有一定难度，但对运动表象记忆又非常重要的体育教学来说，演示法是一种不可或缺的教学方法。它与讲授法、谈话法等教学方法结合使用可以收到更好的教学效果。[①]

3.纠正动作错误与帮助法

纠正动作错误与帮助法，是在体育教学中，体育教师为了纠正学生在完成动作中出现的错误所采用的方法。在体育教学中，学生技能的提高是伴随着动作错误的不断出现与不断纠正而进行的，因此在教学过程中，对学生的动作错误进行纠正，不仅能够使学生掌握运动技能，还能够避免运动损伤。

（三）以身体练习为主的体育教学方法

以身体练习为主的体育教学方法，是那些通过身体练习和技能学习使学生掌握和巩固运动技能、进行身体锻炼的方法。分解法、完整练习法、领会教学法和循环练习法等都是以身体练习为主的教学方法。

1.分解练习法

分解练习法是指将完整的动作分成几部分，逐段进行学习的方法。这种教学方法一般适用于运动技术难度比较大而且过程复杂同时还可以分解的运动项目。

2.完整练习法

完整练习法与分解练习法相反，是指从动作开始到结束，不分部分和段落，完整、连续地进行教学和练习的方法。这种教学方法一般适用于运动技术难度不大因而没有必要进行分解的运动项目。

3.领会教学法

领会教学法是完整教学法的变形和提高形式，它是由英国学者在20世纪80年代提出的一种改造球类教学的教学方法。是试图通过从技能整体开始学习（领会）的新教程，改变以往只追求技能甚至是次要、枝节的技能，而忽视了学生

[①] 佟晓东，刘铁.体育教学设计与实践［M］.沈阳：东北大学出版社，2009.

对整个运动项目的认知和对运动特点把握的缺陷，以提高球类教学质量的教学方法。[①]

4.循环练习法

循环练习法是根据教学和锻炼的需要，选定若干练习手段，设置若干个相应的练习站，学生按规定顺序、路线和练习要求，逐站依次练习并循环的方法。这种方法是学生练习的主要方法，并非教学方法，只能称得上是一种教学组织方法。循环练习的方式很多，主要有流水式和分组轮换式两种。

（四）以情景和竞赛活动为主的教学方法

以情景和竞赛活动为主的教学方法，是体育教师在教学中创设一定的情景和比赛活动，使学生通过更生动丰富的运动实践体验，陶冶他们的性情，提高运动能力，提高参与运动兴趣的一类教学方法。[②]

1.运动游戏法

运动游戏法是教师组织学生通过做游戏的方式来完成教学任务的一种教学方法。游戏法通常有一定的竞争成分，内容与形式多种多样。

2.运动竞赛法

运动竞赛法是指教师通过组织比赛这种形式让学生学习运动技能的一种方法。近年来提出的"领会教学法"与运动竞赛法有着一定的相似性，领会教学法从让学生领会运动项目特性的角度出发，也特别重视比赛的教学方法，如"尝试性比赛""总结性比赛""限制性比赛"等。

3.情景教学法

这种教学方法主要应用于小学低、中年级学生。它极好地利用了低年级学生的年龄特点（如热衷模仿、想象力丰富、形象思维占主导），采用一些生动活泼和富有教育意义的教学方法来组织教学。

---

① 佟晓东，刘铁.体育教学设计与实践［M］.沈阳：东北大学出版社，2009.
② 佟晓东，刘铁.体育教学设计与实践［M］.沈阳：东北大学出版社，2009.

（五）以探究活动为主的体育教学方法

1.发现法

发现法也称探索法、研究法，是指学生在进行完成某一任务的体育学习时，教师只是提供给他们一些与之相联系的事例和问题，让学生通过自己的观察以及其他途径（如验证性活动、思考、讨论和听讲等），独立地进行探究性的学习，自行发现并掌握相应的原理和结论的一种方法。

2.小群体教学法

小群体教学法也叫"小集团教学模式"，是通过体育教学中的集体因素和学生间相互交流的社会性作用以及学生的互帮互助来提高学生的学习主动性，提高学习质量，并达到对学生社会性培养作用的一种教学方法。

四、体育教学方法的选择与应用

（一）合理选择体育教学方法的意义

在长期的体育教学实践中，人们已经积累了丰富的体育教学方法，随着现代教育技术的发展和教学改革的不断深入，又会有许多新的有效的方法产生。面对丰富的现代体育教学方法，体育教师进行体育教学时必须根据体育教学的实际情况对众多的体育教学方法进行选择和配合。因而，在进行体育教学时，体育教师能否正确选择教学方法，就成为影响体育教学质量的关键问题之一。①

大量的实践研究表明，教师只有按照一定的科学依据，对体育教学过程中的各种因素综合考虑，以便于选取最为适当的教学方法，并将这些教学方法进行组合，才能实现教学效果的最优化；反之，如果毫无选择地使用教学方法或错误地选用教学方法，就会给教学活动造成不利的影响。从这个意义上来说，教师是否能妥善地选择教学方法决定着教学的成败，知识的明确性、具体性、根据性、有效性、可信性，有赖于对教学方法的有效利用。

---

① 龚坚.现代体育教学论［M］.重庆：西南师范大学出版社，2009.

（二）选择体育教学方法的依据

1.体育教学目标与任务

所有的方法都是为实现目标而服务的，因此在体育教学过程中要学会分析教学目标的性质、特点，从中寻求对方法的要求。不同体育课的教学目标与教学任务需要不同的体育教学方法。如果是传授新知识的教学任务，就得选择语言传递信息的方法，直接感知的方法；如果是形成和完善技能、技巧的任务，就得选择以实际训练为主的方法；如果是练习课就要更多地使用练习法、比赛法等教法。比如，如果是单元的前段课，就会多使用发现法、游戏法等；如果是单元的后段课，小群体教学法和比赛法就使用得多一些，等等。①

因此，选择体育教学方法的关键是体育教学目标。在体育教学中，教学目标不仅包括体育知识内容目标，还包括体育技术技能方面的目标，以及培养学生良好的社会心理和社会适应等方面的目标。作为一名体育教师应具备以下能力：能够掌握相应的教学目标分类知识和方法，能够把教学中总的抽象的目标分解，转化为具体的可操作性目标，并依照不同的目标来选择和运用具体的体育教学方法。

2.教材内容的性质和特点

一般情况下，教学内容不同，所选择的教学方法也存在很大的区别，这就要求教师在教学之前对教学内容的结构、性质、特点、形式等进行详细的分析，以便于确定教学方式。大量的教学实践表明，体操教学基本上要使用分解教学法；游泳、滑冰必须要使用分解教学法；跑步、跳跃、投掷的教学就应该使用完整教学法；很多球类项目都可以使用领悟性的教学法。对于那些趣味性较差的运动项目来说，游戏的方法就是很好的选择。要想发展学生的身体素质，循环练习法则比较常用；含有重要科学原理的运动项目就很适合用发现式教学法；动作简单而又不易分解的教材内容，常采用完整法来教授；比较复杂的教学内容又可采用分解法来掌握动作技术，等等。总而言之，在体育教学中，教师要根据自身的教学内容和特点，在了解教学方法优缺点的基础上，灵活而有创造性地选择适当的体育教学方法。

---

① 龚坚.现代体育教学论［M］.重庆：西南师范大学出版社，2009.

3.学生的实际情况

教师的教是为了学生的学，因此，体育教学方法要建立在适应学生的基础条件和个性特征的基础上。这就要求体育教师在选择教学方法时，应考虑学生对使用某种方法在智力、能力、学习方法、学习态度及身心发展规律等方面的准备水平，做到因材施教。前面我们已经详细讲述过各种教学方法的适用情况，比如，针对中学生，就不适宜使用"情景教学法"；由于小学生活泼好动，注意力不易集中，就不宜采用领会教学法，直观法或游戏法就比较常用；对熟练的学生就不适宜使用正规的分解教学法；对身体素质不好的学生就不适宜使用"循环练习法"。即使是同一年级或同一班级的学生对某种教学方法的适应性可能都会有很明显的差异；不同年龄段的学生对相同教学方法的适应程度也可能不相同。因此，体育教师应当注意从学生具体实际出发，科学地分析、研究学生的上述特点，有针对性地选择和运用相应的体育教学方法，使学生在学习掌握体育知识、形成技能的同时，能够促进身心向更高的水平和阶段发展。[①]

4.教师自身素质

所谓教师的素质主要表现在其日常的教学活动中，例如，教师的表达能力、思维品质、个性特长、教学技能、教学风格特征、组织协调能力、教学控制能力及师生关系等。在体育教学过程中，教师应该根据自身的素质来选择教学方法，合适的教学方法的选择在很大程度上可以起到锦上添花的作用，比如，有的教师形象思维能力和语言表达能力比较强，他就可以多用生动形象的语言来描绘体育现象和问题；有的体育教师比较幽默，就可以多用一些有意义的笑话来阐述一些道理或巧妙地处理一些突发事件等。这只是一些比较常见的情况，在具体的教学过程中会遇到更复杂的问题，就需要教师根据具体情况来灵活处理。总之，体育教师在选择教学方法时，应根据自己的实际条件，扬长避短，在其他条件相同的情况下尽量采取与自身条件相适应的方法。当然，作为一个有责任心的体育教师，也应通过努力学习来克服弱点，提高自身素质，不断提高选用各种体育教学方法的能力。

5.体育教学方法的功能、适用范围和使用条件等

我们前面对体育教学方法有了详细的介绍，从中我们可以看出，不管哪一种

---

① 龚坚.现代体育教学论［M］.重庆：西南师范大学出版社，2009.

体育教学方法，都有它自身独特的功能、适用范围和使用条件等，也都有其各自的优点和局限性。在体育教学过程中，要想使教学方法的作用得到最优的发挥，依赖于体育教学过程诸因素的优化组合。我们要根据具体情况来分析，不能一概而论，比如某种方法对于某种体育项目或知识是有效的，而对另一体育项目或知识则可能是完全无用的。例如，传授新知识的谈话法，是以学生的知识准备和心理准备为前提条件的，离开了这个条件，用谈话法去传授新知识是困难的。讲授法虽能保证学生在短时期内获得大量的系统的知识，便于发挥教师的主导作用；但是，它不容易发挥学生的主动性、独立性和实践性。探索法、研究法对发展学生的智能，培养学生独立学习能力起着积极作用；但是，它又受到时间等条件的限制，它必须与谈话、讲解等其他方法配合使用才能收到良好的效果。[①] 又如，对于新生用"比赛教学法"，那无异于"拔苗助长"。因此，教师在选择体育教学方法时，必须认真分析各种方法的功能、应用范围和条件。

6.教学时间和效率的要求

体育教学目标要想顺利实现，就必须采用一定的教学方法，体育教学方法是教学目标得以实现的重要保证。也就是说要实现体育教学的最优化，即以最少的时间取得最佳的效果。比如，在体育教学过程中，和讲解法比起来，发现式教学法要占用更多的时间，同样，分解法要比完整法费时间，所以，在教学过程中选择教学方法时，要考虑其所用教学时间和教学效率的高低。好的教学方法应该是高效低耗的，最起码也是能在规定的时间内完成教学任务，实现具体的教学目的，并能使教师教得轻松，学生学得愉快。但是这并不意味着完全排斥"必要的浪费"，即看起来费时间但实际上很重要的步骤，比如要使学生明白一个重要的原理，用点时间让他们探索和发现是很有意义的，是高效率的。总之，体育教师应尽可能选用省时又有效的方法，以达到教学效果的最优化。

7.教学的物质条件

体育教学的物质条件主要是指学校的教学器材、场馆设施等。在体育教学过程中教学的物质条件也是制约教学方法的重要因素。体育教学条件制约着体育教学方法的使用和发挥。例如，用海绵块练习背越式跳高，效果比用沙坑练习的好，因为前者可以减轻学生的恐惧和怕脏的心理负担，提高神经系统的兴奋性；在体

---

① 龚坚.现代体育教学论［M］.重庆：西南师范大学出版社，2009.

育馆内上课，可以减少周围环境无谓的刺激，有助于提高体育教学方法的效果，特别是现代化教学手段的充分运用，可以弥补体育教师动作示范的某些不足，有利于提高体育教学质量。[①]因此，体育教师进行教学方法的选择时，应最大限度地发挥教学物质条件的功能与作用。

当然，以上所讲的几种体育教学方法的选择依据，只是一些基本的准则，并不是僵化的教条，更不是一成不变的，具体操作还是需要体育教师根据教学实际情况来定，以做到"以不变应万变"。选择合理的体育教学方法的主要目的，就是为了使这些方法更好地为实现体育教学目标和教学任务服务。

---

① 龚坚.现代体育教学论［M］.重庆：西南师范大学出版社，2009.

第六章　体育教学模式的设计

第一节　体育教学模式简介

一、体育教学模式的特点

体育教学模式是体育教学论与体育教学实践的中间环节。它以成熟的理论来指导教学实践，又以成功的教学实践来充实和丰富教学理论，一般情况下，各种教学模式都具有如下特点。

（一）独特性

任何体育教学模式都表达特定的教学思想和教学目标，要求特定的教学环境条件必须符合特定的教学对象和范围。因此，选择和移植教学模式时必须注意教学模式的特定性能，切忌盲目照搬。体育教学有着不同层次的教学对象，如中小学的体育教学、高中体育教学、高校体育教学、体育专业系科的体育教学等。就教学的内容来说有球类、体操、田径等。不同的运动项目有不同的学习规律，有的属于精细技能，有的属于粗糙技能，有的属于技巧运动，有的属于体能运动，竞赛的表现形式也有很大差别。如此丰富多彩的体育天地，不可能只靠一种教学模式就能完成任务的，势必存在着许多独特的体育教学模式，否则就不会有体育教学的现代化。

（二）操作性

体育教学模式是抽象体育教学理论向教学实践转换的中介，因此它是把抽象的理论具体化，教学过程内在的本质表面化。体育教学模式是可具体操作的形式。

它向人们展示在教学中有效地贯彻教学理论的运作方法，是便于理解、把握和运用的教学策略。一旦一个典型的体育教学模式建立起来，其他的体育教师也可以使用。

（三）开放性

体育教学模式是不断发展与完善的。它必须随时接受新的有效的教学方法，这是由于体育教学本身是一个动态的过程，根据运动技能形成的理论，技能发展的不同阶段必须采用与之相适应的教学模式。就体育教学的对象来说，群体差异，个体差异也很大，因此一个具体的教学模式不能解决所有的教学问题。

（四）优效性

体育教学模式是从众多体育教学活动中提炼出来，提出模式的过程就是教学的优选过程。

体育教学模式的开放性决定了它是一个动态的过程，它必须随着教学理论和实践的发展不断地修正自己、完善自己。教学模式的发展与变更，保持了模式本身的优化。因此，有影响的教学模式都具有强大的生命力。

体育教学过程是向学生传授体育知识技能，培养体育能力的双边活动。体育教学的目的在于使学生掌握体育运动的技术技能和体育锻炼的方法，培养学生良好的体育锻炼习惯，增进学生的身体素质和适应环境变化的能力。因此，体育教学具有知识技术信息传输的功能、增进学生体质的功能、培养学生良好品质的功能和对学生进行德育教育的功能。体育教学模式的功能则是将体育教学的诸多功能付诸教学实际，使他们在实践中发挥作用，同时通过体育教学模式的研究，进一步开发体育教学新的功能，丰富体育教学的理论。[1]因此，体育教学模式可以成为广大体育教师教学工作的方法体系，构成了教学理论和教学实践之间的桥梁。

二、体育教学模式的三原理

体育教育是一个大的系统，这个系统的功能是通过教育、教学来为全社会培养体育教育人才。而且当代系统科学运用于体育教学实践，已经有了很大的收获。

---

[1]　颜秉峰.现代排球理论与方法研究［M］.哈尔滨：哈尔滨地图出版社，2010.

系统的功能是通过反馈原理、有序原理和整体原理实现的。根据系统科学的理论，结合体育教学的特点，可以逻辑地引申出体育教学模式的三个基本原理。

（一）模式变换原理

模式变换原理与系统科学的反馈原理是一致的。它的肯定表述是体育教学模式与体育教学过程既有联系又有区别，两者之间不断反馈不断调整；各类体育教学模式由于体育教学训练的特点决定了模式运用过程中的变换，变幻的运用体育教学模式才能很好地实现体育教学的目的。它的否定表述是不进行反馈调节，不根据教学发展需要及时变换教学模式，就不可能成功地完成体育教学的任务。

（二）模式孕育原理

模式孕育原理与系统科学的有序原理是一致的。它的肯定表述是，体育教学模式应是开放的、发展的、进化的。初级体育教学模式孕育高级的体育教学模式乃至运动训练模式，它的否定表述是体育教学模式不开放，初级模式不能孕育高级模式，势必会阻碍教学的发展。

（三）模式包容原理

模式包容原理与系统科学的整体原理是一致的。它的肯定表述是，应用性的体育教学模式必须是多种教学模式的综合，综合体育教学模式包容相关模式而形成整体结构，由此才能发挥模式的更大整体功能。否定表述是，不综合运用体育教学模式，不包容相关模式来形成整体结构，就不可能发挥体育教学的整体功能。①

---

① 颜秉峰.现代排球理论与方法研究［M］.哈尔滨：哈尔滨地图出版社，2010.

第二节 体育教学模式设计

一、教学模式设计

体育与健康课程的教学模式，就是为实现体育教学目的而服务的。其根据一定的教学理论，由学校和教师共同制定的体育与健康的教学方案、教学内容及教学组织形式和教学方法选择的具体典型样式，并由体育教师具体实施，作用于学生个体的一种教育活动过程。

（一）体育教师与教学模式息息相关

多年以来，体育教师并没有进行专门的研究体育教学模式，但是都会选用某种教学模式进行教学，如下面这种教学模式就是大家很熟悉的。

1.参照"系统学习"理论，以掌握运动技能为主线的教学模式

很多年来采用的教学模式是以"系统学习中的感知、理解、巩固、运用"的认知规律为基础的，遵循"泛化、分化、定型、自动化"的运动技能形成规律，来设计教学活动，使学生循序渐进地掌握运动技能，提高学生的体育素质。

2.这种教学模式的主要教学过程结构

教师根据学生的一般情况和教材特点，制订出教学计划——根据计划的安排，采用讲解、示范、正误对比等方法让学生感知、理解动作概念，明确做什么和怎么做——学生根据自己的理解按照设计好的形式和方法进行练习，教师在分解和完整练习中主要以纠正错误法进行指导——运用游戏法和比赛法巩固所学动作，加快掌握动作的进程——进行终结性评价，促进运动技能的形成。

3.教学过程结构简图

计划—感知—复习—巩固—掌握。

案例1

某教师进行初一男生跨栏跑教学，单元由5课时组成，内容按课题难度依次排列；每次上课先进行一般性的准备活动，再进行专项的准备活动，然后对跨栏

技术要领进行讲解。随后是练习与中间讲解，最后进行技能学习情况总结和身体放松活动。

从以上依据的原理和教学过程结构中可以清楚地看到，这种教学模式是比较固定的学习程序，主要是以现有的知识为主，按照教师对知识的理解进行教学。这种教学模式的优势是以接受性学习为主，能够保证一般（普通）学生在较短的时间内系统地、循序渐进地掌握相关知识和技能，易于教师对学生与教学的把控与调整。学生从一开始上学接受的就是这种教学习惯，因此很适应这种教学习惯。这种教学模式的缺点是学生处于被动的学习状态，不利于培养学生的创造性思维，容易忽视优等生与差生。如果不能有效地激发学生学习动机，在一定程度上会影响学习积极性，产生学习效果不理想的状况。

（二）学习目的不同，选择合理的教学模式

近年来，各种现代教学理论不断涌现，启发着人们去寻找和创造新的教学模式，以适应飞速发展的现代社会。尽管这些教学模式的理论来源不同，但是都在一定程度上促进了体育教学的发展与完善。但归根结底教学模式是为教学服务的，必须是以促进学习的发展为己任，因此在教学实践中是为了更好地学习而寻找合适的模式，而不是为学习中的单纯求新而寻找模式。

为什么会有模式，因为是实践的需要。人们在实践中，特别是一些有着较高重复性的工作，不能一直进行探索，在一定地探索之后会形成相对固定的操作方式，人们也常将其称为经验，有了这种经验，工作可以相对轻松、快捷，新手也能在短时间内胜任工作。

如上面提到的以掌握运动技能为主的学习，目的是以学习和掌握某个体育项目的固定运动方法，这是前人总结出的比较先进和有着较强规律性的运动过程，注重的也是运动技能的传授和学习过程，因此，往往采用的是系统学习的理论。

1.以"问题"为核心，以启发学生的积极思维为目的的教学模式

体育教学理论的不断发展，在实践中不光是以传授体育技能为主要目的的教学对教学模式提出了新的要求。如在讲解一些体育项目技能时，为了使学生明确动作的概念以及该如何做、为什么这么做，采用的"问题式"学习模式比较好，可以加深学生对学习体育的深远意义。

2.这种教学模式的主要教学过程结构

教师根据学习内容，设定"问题"的基本发展思路——尝试性练习前或后，提出问题，由学生在练习中体验和寻找答案——师生共同探求较为合理的答案或练习方法——体验筛选出的答案或练习方法，借以提高对动作的掌握——按照问题、答案的方式继续在探讨中练习，直至达成目标。

3.教学过程结构简图

设置问题——练习中提出问题——活动中寻求答案——练习中验证答案——活动中目标达成。

案例2

（1）教学目标：篮球运球的方法探讨，在体验与活动过程中养成对体育动作的思维习惯，为自我体育运动打下基础。

（2）教学内容：篮球的几种运球方法（高低运球、行进间运球、换手运球）

（3）问题设置：

①用你认为最恰当的词来描述原地运球时手和球之间的关系。

②高运球时身体的哪些部位用力，低运球时如何？

（4）教学手段：

①集体练习与个体展示交替进行；

②小组讨论与大组发言交替进行；

③教师评判与同伴评优交替进行；

④验证与模仿交替进行。

由于这种教学模式是在提出问题——寻找答案中的学习过程，而不是直接给出标准的答案或练习方法，因此学习中的思维活动比较活跃，与接受式学习的发展又有所不同，在小学高年级和初中阶段提高学生的参与意识具有积极的作用。[①]

（三）以身体锻炼为主要目的的教学模式

体育教学是以身体的感受、发展为主要学习过程，因此，会有大量的重复性动作，尤其是技能性不太强而对提高体能有显著作用的练习在体育教学和活动中非常多。尽管有时采用的方式方法有所不同，但最终的目的是一样的。

[①] 李海，裴鹏.体育教学案例分析与详解［M］.北京：北京体育大学出版社，2014.

1.这种教学模式的主要教学过程结构

在基本掌握某项运动方法的前提下，根据学生的具体情况，提出练习的量和强度——分小组或个体进行练习——通过测试等过程评价手段提高练习的积极性并适当提高练习标准（目标）——投入新一轮的小组或个体练习——结合终结性评价确定达到的目标。

2.教学过程结构简图

练习设计——小组练习——过程评价——升级练习——目标达成，这种模式是在练习——评价——再练习的过程中发展的，因此，练习的形式虽然简单，但也不是没有变化的重复，将游戏、比赛、花样练习与练习相揉合显得十分必要。同时，过程评价的作用也是不可忽略的，因为学生希望在重复的运动中看到自己的进步，督促自己持续不断的练习。

（四）以发展合作精神为目的的教学模式

体育不乏竞争，但合作也是必需的，培养学生的合作精神，提高协作能力是体育教学中的任务之一。相应的以体现合作精神为目的的合作学习模式在体育学习中体现出来，不仅提高了学生的合作精神和协作能力，而且由于采用的学习方式符合学生的实际情况，促进了学生学习的主动性，提高了学习质量。

1.这种教学模式的主要教学过程结构

首先需要选择和进行合作的教学内容，以学生学习状态、学习能力为基础按照一定的方式进行尽可能合理的分组——以小组为单位按照统一的方式进行练习——对小组而不是针对个人的过程评价——按原小组继续进行练习——以小组为单位进行终结性评价，小组成绩即是小组内每一个人的成绩。

2.教学过程结构简图

合理分组——分组学习——过程评价——分组练习——终结评价。

案例3

（1）教学目标：运用分组学习和考核的方法，学习田径接力跑下压式传接棒技术，发展奔跑能力，体验互帮互助的合作学习过程。

（2）教学内容：利用下压式传接棒的接力跑。

（3）教学步骤：为4次课的单元教学。

①分组与学习

　　根据以往快速跑成绩，4 人编为 1 组。以组为单位学习下压式传接棒，在课的后程进行 3 次 4×25 米跑的比赛，巩固和检验练习效果，要求每次练习后都要在一起总结组内的交接棒技术。

　　②在后 3 次课当中，每节课均以小组为单位进行考核，组内最好成绩即是每个成员的最后成绩。通过进行 4 次 4×25 米跑、3 次 4×50 米跑、两次 4×100 米跑三个项目的练习来巩固传接棒技术，发展学生的速度素质，提高学生的观察分析能力，培养他们之间的协作精神。

　　在每次练习之前，注意让学生一起击掌为其加油，然后组内复习传接棒技术。每一次练习之后，要求第四棒同学向其他 3 人通报考核成绩，并一起分析存在的问题，并提出此问题的解决方案。

　　这种模式从开始到一个单元的学习结束，都是在相对固定的小组内进行，小组的利益直接关系到个人。因此，小组内的凝聚力在整个学习过程中占据很重要的位置，强要扶弱，弱要赶强，小组的领衔人物也能体现出重要的作用，对学生的自我锻炼确实起到了积极的作用。

（五）以增强学生自信心为目的的教学模式

　　在体育教学中培养学生的自信心确实有着其他学科不可替代的作用，过去在体育教学中由于学习评价基本都是一个标准，在一定程度上忽略了学生身体的个体差异，在一定程度伤害到了一部分学生的自信心，也往往使这部分学生远离了体育，这是我们不愿意看到的。以增强学生自信心为主要目的的学习模式，正是通过体育学习重树自信心，在体育中锤炼自己。

　　这种教学模式的主要教学过程结构：

　　根据学生的具体情况，师生协商确定学习项目并制定出合理的教学目标——按具体情况划分学习小组并在教师的指导下进行练习——过程评价并对学习目标适当调整——在教师的指导和同学的帮助下继续练习，直至达到目标。

　　教学过程结构简图：

　　协商选择内容和制定目标——自主学习——检测调整——目标达成。

　　一方面可以降低动作的难度让学生取得自信心，在锻炼中逐渐提高。另一方面教师的鼓励也是必需的，如果能用同伴间的亲身经历加以激励，效果往往事半功倍。

（六）选择式体育教学模式

含义及教学指导思想这也是一类教学模式，这种教学模式可以满足学生在运动的需要，在一定程度上允许学生自选自定学习的内容、学习的进度、学习的参考资料、学习的伙伴、学习的难度等，进而调动学生的学习积极性和主动性，并在自主性、自立性较强的学习过程中形成学生的学习能力的教学模式。

教学过程的结构特征：其教学过程结构会根据可选内容的不同有一定的差异，在模块的规模上的变化也非常大：有让学生选择不同学习内容的模块（如半学期或一学期），也有只让学生选择学习难度和进度的常规模块，课中多以"同一课题小组"（进行同样选择的学生组成的小组）进行学习为主，教师轮回教学和指导，这种教学模式适应有一定学习基础的高年级学生。

教学过程结构图：

选择项目——分组——设定锻炼目标——分组练习——测评。

某校负责高二体育教学的J教师、K教师和L教师在前半学期分别上完必修模块之后，共同在后半学期（18～20课时）进行"球类选择制教学"。内容有篮球和手球（由J教师负责）、排球和足球（由K教师负责），乒乓球和羽毛球（由L教师负责）。高二整个年级根据统一安排，在一定程度上打破班组进行项目的选择，设置适合自己的锻炼目标，学习过程中间一般不得改变选项，上课以训练课的形式进行，在教学中选择合适的评价形式，督促自己完成锻炼目标。通过较细致的学习、练习及评价使学生的运动技能有比较明显的提高。[①]

二、体育教学模式的选择

前述中，我们已对何谓教学模式进行过讨论，体育教学模式是指在体育教育思想和教育理论指导下，为某个特定的主题，为实现体育教学目标，而采取的反映动态教育特征的教学组织形式。但基于任何教学模式，又无一不是应用于班级授课，所以根据教师、教学内容与学生三者构成的相互关系，即便是按动态教育特征选择的教学模式，也都隶属同步学习、分组学习和个别学习这三种基本类型。而与它们相对应的基本教学模式，又大致分为提示型、自主型和合作型三大类。

---

① 李海，裘鹏.体育教学案例分析与详解［M］.北京：北京体育大学出版社，2014.

（一）基本特征

由体育教学的动态性结构所决定，教师为实现体育教学的目标，要求学生主要从运动实践的直接经验中，达到掌握一般运动技能，培养独立锻炼的意识与能力，使身心都得到健康与和谐发展的目的。显而易见，服务于上述目标的体育教学模式，就必须创造一种为满足运动兴趣、体验情感、培养能力、增长知识、扩大社会联系、发扬合作精神创造理想的学习氛围，并突出体现实践性、自主性、创造性、趣味性和实效性等基本特征。

实践性特征：为学生安排适于运动实践的操作程序，让他们能够通过实际锻炼，获取直接经验，是体育教育模式要体现的本质特征。为了使抽象的体育教学理论向教学实践转换，作为"中介"的模式系统，还应具有可操作性，即易于师生理解、掌握，并应用于实践。

自主性特征：体育教学实践的最大特点，就是要求学习者的身体直接参与运动。学生有哪些生理机能反映，获得了哪些情感体验，只有学生自己能够感受到。这表明，为了便于让学生通过亲身体会，达到自我发现问题的目的，体育教学模式就应尽可能体现以学生为主体的特征，即不能只是强调教师的"教"，而是要更多体现学生自主学习的程序。

趣味性特征：体育教学实践既然需要学习者的身体直接参与，那么由身体反馈的信息（是主动还是被动接受），这是教师选择哪种教学模式的重要依据。如果按最简单的道理去思考，"快乐体育"原本就是人类天性的自然需求，而仅限于这一事实，体育教学模式就必须体现趣味性特征，使它所安排的内容与程序能够激发学生主动参与体育锻炼的兴趣。

创造性特征：为了充分调动学习者参与体育教学的主观能动性，需要参与者不仅单凭兴趣出发，还应对体育有更深层次的认识与理解。为达此目的，体育教学模式就必须体现创造性特征，即让"模式"本身提供的方法与内涵具有不确定性，或有意识"反其道而行之"，以便引起大家的探究与思考，最终达到提高创造精神和能力的目的。

实效性特征：凡直接作用于有机体的体育教学实践，更多追求的是行为目标，即所要获得的结果是有形的且可以被量化的。这表明，体育教学模式所应体现的实效性特征，除了是指在组织、机构与目的性方面要讲究实效、不致流于形式，还应把"评价"也安排在"模式"程序中，以便使学习者有机会了解自己的锻炼实效。

（二）实际应用

关于如何运用体育教学模式，除需要充分体现它的上述基本特征，还有个适应现代教育观念的问题。比如，过去对体育教学模式的分类，通常是以研究体育教学自身的规律与特征为依据，把它分为锻炼、技能与运动教学模式三种类型。但随着现代教育观念的不断创新，为了体现对原体育课进行综合化改造的宗旨，显然按过于微观的模式分类方法，已无法适应现行体育与健康课程的教育理念。因此，若考虑"模式"本身的可塑性，那么仍以适合所有课程的宏观分类为基础，再结合动态教育的固有特征，来讨论体育教学模式的实际应用，将更有利于发挥体育与健康课程的综合作用。

体育教学在向学生传授运动知识和技能的过程中，教师需要按一般认知和技能形成的规律，通过讲解——示范或探讨——讲评，让学生在想——学——练中记忆动作的顺序、理解动作要领和掌握动作技巧。此时，为了利用有限的教学时间，便于节省化地组织学生群体进行练习，可采用"提示型同步学习"和"合作型同步学习"教学模式施教。[①]

---

① 郑厚成.体育与健康教学参考书［M］.北京：高等教育出版社，2009.

第七章　体育教学媒体的设计

第一节　体育教学媒体简介

一、体育教学媒体的定义

体育教学媒体也就是载有体育教学信息的物体，是连接教学者与学生双方的中介物，是用来传递和获取体育教学信息的工具。主要包括两大类：书本形态的，如教科书、教学指导书、图表、挂图等；非书本形态的，如模型、幻灯、投影、录音、录像、电影、电视、计算机课件等。[①]

二、体育教学媒体的分类

随着科学技术的不断发展，各种教学媒体层出不穷，体育教学媒体也相应地越来越多。采取不同的分类标准，可以将体育教学媒体分为多类。在这里我们根据教学媒体作用的感官通道不同将体育教学媒体分为以下几类：

（1）视觉媒体。这种教学媒体指的是需要用眼睛来看的媒体，这种教学媒体需要学生通过观察来进行学习。例如，黑板、体育教材、图片、幻灯片、投影仪等。

（2）听觉媒体。这类教学媒体指的是需要用耳朵听的媒体。学生通过听觉获得相应的信息来进行学习。如录音机、收音机、唱片等。

（3）视听媒体。这类教学媒体指的是需要眼、耳并用的媒体。如电影、电视、录像机、视盘等。

（4）综合媒体这种教学媒体指的是用多种感官和多种信息流向的媒体。如幻

---

① 杜俊娟.体育教学设计［M］.北京：北京体育大学出版社，2007.

117

灯—录音组合系统、多媒体课件等。

随着科学技术的发展，新型的媒体和传统的教学媒体功能不断地被开发出来。由于篇幅有限，在此不一一介绍。

三、体育教学媒体的特点

（一）视觉媒体的特点

视觉媒体主要包括两类：印刷媒体和电子视觉媒体（投影、幻灯等）。印刷媒体的特点是：可大量复制、可反复阅读、造价低、携带方便、容易保存等。电子视觉媒体的特点是：能使学生观察静止状态下扩大了的动作图像；可以将某些动作放大了显示；幻灯和投影片可以将系列动作根据需要排列成不同的序列显示；放映时间不受限制。

（二）听觉媒体的特点

听觉媒体具有以下特点：录音可以长时间保存；可以根据需要反复播放，操作起来方便、简单；可以将声音放大，扩大教学的效果；信息传播起来比较迅速，不受时空的限制；录音磁带可以长期保存。

（三）视听媒体的特点

视听媒体的特点如下：能够同时给学生以视觉和听觉两方面的信息；能以活动的图像，逼真、系统地为学生呈现运动动作的过程；能灵活调节动作所包含的时间要素，将缓慢的动作与快速的动作清楚地表现出来；能将动作放大或缩小。

（四）综合媒体的特点

与其他几种教学媒体比起来，综合媒体的优越性是显而易见的，它不仅能提供视觉、听觉刺激，还要求学生的部分器官始终接触媒体，根据需要不断做出反馈性操作。能在短时间内放出大量信息，提高教学效率；能从不同距离、不同角度显示动作；能表现运动动作的全景、选景。

四、体育教学媒体的作用

（一）利用媒体表现运动细节

在体育教学中，尤其是在运动动作教学中，如果单纯采用讲解和示范的方法，有时候很难将动作细节表达出来，这就导致学生无法掌握动作要领和精髓。要克服这一问题，可以利用技术手段记录或仿真优秀运动员和优秀体育教师的动作，再以视听媒体形式呈现给学生或运动员。这样一来，不仅可以为学生提供"声形并茂"的整套动作过程，还能够通过定格的操作来展示动作过程中的某一状态，甚至能够采取"慢动作"来表现各个状态的连续过程，这样学生对于动作技术的细节和重要环节掌握起来就非常容易了，同时还能引导学生加强对重点技术的练习。

（二）利用媒体纠正错误动作

体育教学过程中教师需要不断修正学生的错误动作，使学生对技术动作的掌握得到巩固和提高。作为教师，关键是能及时发现错误并能针对学生产生错误的原因进行及时纠正，防止错误动作的定型。在技术动作的教学中，每个完整的动作部是由单个动作组合而成的，牵制到身体的不同部分。如果采用电视录像将学生完整动作录制下来，学生观察自己的连续完整动作、某个单个动作，就非常容易纠正。[①]同时，电视录像中的视频分解、可分、可合，不仅能够表现连续动作的全过程，还能够从某个角度表现动作，不断地反复再现，此外，还可以定格分解每个动作，使学生、教师观察到技术细节，以便迅速纠正错误，提高教学效率与质量。

（三）利用媒体激发学习兴趣

在体育教学中，由于学生的个体差异，他们在身体素质、兴趣爱好等方面存在着很大的区别，因此，教师只是靠单纯地讲解和示范，很难激发他们的兴趣，也无法调动学生学习的积极性。但是采用教学媒体情况就不一样了，视频、动画等视听媒体所具有得直观鲜明的图像，生动精练的语言，在充分调动学生各种感

---

① 蒋立兵，易名农.现代体育教育技术［M］.北京：中国地质大学出版社，2012.

知器官上发挥着举足轻重的作用，学生置身于这样的环境中有身临其境的感觉，这样一来不仅能够激发学生的学习兴趣，还能够活跃课堂气氛，培养学生的能力，提高体育教学效率。为了提高学生学习体育的兴趣，应该充分发挥现代教育媒体的优势，使学生对所学项目感兴趣。

第二节　体育教学媒体设计

一、体育教学媒体的选择和运用

（一）体育教学媒体选择时考虑的因素

1.学习任务因素

这里的学习任务因素主要包括学习目标、学习内容等。有些媒体对教学活动要达到预期的目标有着显著或独到的作用。比如，同样是关于地震的学习内容，在小学自然常识里，关于地震的知识要比中学地理课本里面的浅显很多，因此，在小学阶段，只需要让小学生看一部反映地震实况的电影就已经够了；但是对于中学生来说，他们则要了解地壳运动的情况及其产生的震波，就需要知识性的科教片来帮助学生掌握这些知识了。

2.学生因素

学生因素主要包括学生的智能特征、认知结构、年龄、动机和兴趣、学习经验等。对于有经验的教师来说，会根据学生的特点，针对学生学习的不同阶段，选择适合的、能够使教学效果最大化的教学媒体，用来辅助自己的教学，可以取得事半功倍的效果。

3.教学管理因素

教学规模、教师能力和教学安排等都属于教学管理因素的范围。在教学媒体的选择上，教师的素质和教学安排是一个很大的影响因素。众所周知，使用视听等多媒体教学手段，可以达到声形并茂的效果，可使教学充满乐趣和维持兴趣，但是如果教师管理不善很容易引起教学失控。因此使用这类媒体，不仅课堂组织须有周密的安排，教师也要有控制学习气氛的能力。

4.媒体因素

媒体因素主要包括以下几个方面：媒体资源：现有储备及添置的可能性；媒体功能：媒体呈现信息方面表现的不同属性能否满足教学的需要。这些属性包括：图像、色彩、动态、声音及音像的连接等；操作情况：操作的难易程度以及学会操作所需的准备时间；组合性：几种媒体配合使用的可能性及效果；使用环境：媒体使用的场所是否支持或提供所需媒体。[①]

5.经济因素

经济因素也是选择教学媒体时必须要考虑的一个因素。如果两种教学媒体所达到的教学效果差距不大，那么一般情况下还是选择代价比较小的那种，也就是满足所谓的"最小代价律"。

以上只是理论上的分析，在具体的实践操作中，选择教学媒体时，可能会有相互抵触的情况出现。比如，选择的媒体满足了学习任务和学生因素的要求，但可能在操作上有困难或教学过程不易控制；一种价格低廉、操控容易的媒体，很可能学生不喜欢。遇到这种情况时，可以采取以下方式来解决：确立选择的逻辑顺序，即重要的因素优先考虑，次要的因素允许忽略不计。一般认为，学习任务和学生这两个因素最为重要，其中学习任务、目标必须优先考虑。因为，它们与教学有着最为密切、直接的关系。

（二）体育教学媒体选择的原则

1.实用原则

与其他学科不同，体育教学具有一定的特殊性。因此在选择教学媒体时，一定要坚持实用性。这就要求我们坚持两点：一是从体育教学内容出发选择媒体。因为体育教学内容本身的直观性和抽象性，是选择媒体的重要依据。例如学习跨栏跑的动作过程，采用录像会收到良好的效果；学习健美操采用图解效果好，当学习达到一定程度时再配以录音练习。二是要从教学对象的实际出发选择媒体。由于学生的需要，他们的年龄特征和接受水平的差异，教学中选择媒体传递的信息层次也不同。小学、中学和大学的学生就不能用完全统一的媒体；即使是同一

---

① 杜俊娟.体育教学设计［M］.北京：北京体育大学出版社，2007.

年级的学生，由于个性、需求不同，也应区别对待。[①]总之，设计和选择教学媒体要有助于激发学生的兴趣，实现教学目标。

2.效益原则

在进行体育教学媒体的选择时，首先需要考虑的是教学效益，同时经济效益也是必须考虑的因素，应该力求节约，避免浪费。最好是选择那种既能达到最佳体育教学效果的，又易于获得的、且成本较低的教学媒体。

3.创新原则

选择与使用体育教学媒体，在表现手法上不能单纯模仿，要有所创新。一般来说，多种媒体优化组合比用一种媒体的教学效果好。这样可以发挥各种媒体的优势，让学生多种感官参与学习活动，提高学习效率和学习效果。

4.操作原则

不管我们选择什么教学媒体，最终的目的都是为了将其运用于教学实践，因此如果选择的教学媒体不能很好地操作，仍发挥不了它的作用。所以应该选择体育教师和学生都易于操作的媒体。在选择体育教学媒体时，设计者首先应考虑体育教师对该媒体的利用能力。如果教学媒体结构合理，方便体育教师在教学过程中合理进行辅助教学；媒体操作简便，并配有简要操作说明，则比较方便师生使用。同样根据学生对媒体的利用能力，合理选择媒体也是相当重要的一个环节。这样可以最大限度地提高教学效果。

（三）体育教学媒体的运用

随着体育教学改革的不断深入发展，在体育教学中，教学媒体已经得到了普及。这不仅表现在传统的体育教学媒体的运用上，比如学生普遍使用了体育课本，体育课有了挂图、小黑板、音乐等；同时，现代体育教学媒体也广泛应用于体育教学中，如投影、录音、录像、多媒体课件等。

二、体育教学课件的制作与应用

当前，随着电子信息技术的飞速发展，多媒体技术已经在教育领域得以广泛的应用。多媒体技术的核心仪器是计算机，同时还有多种辅助设备，在教学中主

---

① 杜俊娟.体育教学设计［M］.北京：北京体育大学出版社，2007.

要运用的是文字、图像、音像、动画、网络等手段。目前，有很多学科的多媒体教学已经开始步入成熟阶段。但是多媒体技术在体育教学中的应用却远远落后于其他学科，之所以会出现这样的局面，主要是由于体育多是室外教学，多媒体设备大多局限在室内使用，而把电脑和投影机搬到操场上课，显然是不符合体育课堂教学实际。因此，如何解决这两者之间的矛盾，使多媒体技术合理、有效地应用到体育教学中去，是目前亟待研究的一个问题。

教育界有这样一句话经常被提到："教学有法，教无定法，贵在得法。"世界上没有一个固定的教学模式，多媒体体育教学技术作为一种新兴的教学手段，必然要有一个新的教学模式与之相配套，使多媒体技术在体育教学中得到充分的利用，这就是我们接下来所要讲述的体育教学课件。

（一）体育教学课件的定义

体育教学课件是指根据体育教学的特点、教学目标和教学内容，结合计算机多媒体技术专门设计的辅助体育教学的软件，一般也称为体育多媒体课件。因此，在设计体育多媒体课件时，首先必须对体育教学的特点、教学目标和教学内容有一个明确的了解。体育教育不仅是学校教育的一个重要组成部分，同时还是素质教育的主要内容之一。体育教学是师生的双向活动，是教师有计划、有目的地启发、引导学生自觉积极地学习，积极锻炼，努力掌握体育和健康知识，发展体育技能，提高学生认识能力和综合素质的教育过程。体育教学过程中，学生在教师启发、指导下，主要从事各种身体练习，并在反复练习过程中，通过思维活动与身体活动的紧密结合，掌握体育的知识、技术，提高体育的技能。这是体育教学的显著特点之一。[①]

体育教学课件采用的是多媒体计算机技术，它集成了各种视听设备和计算机技术的功能，因此有利于操作图形化的界面，使用起来特别方便、快捷。它在教学资料的处理方面具有综合性、多维性、交互性和集成性等特点，在教学过程中能有选择地综合利用声音、图像、文字、表格等多种信息载体，全方位、多角度、动态地向学生传达教师的意图，表现力非常丰富、形象。由于体育教学的特殊要求，教师和学生需要在不同的时间和空间采用不同的组织形式和动作行为，采用

---

① 佟晓东，刘铁.体育教学设计与实践［M］.沈阳：东北大学出版社，2009.

多媒体教学能够最大化地满足这种要求，因为多媒体技术可以实现场面逼真，能全部能局部，能大能小，能远能近，能快能慢等，既可以显示也可以虚拟情景的文、图、声、像一体化的辅助教学。此外，多媒体计算机技术还具有可控的交互能力。

虽然体育教学课件具有诸多的优点，但是和传统教学比起来还有一些不容忽视的弱点，例如，缺乏师生之间、学生之间的相互交流，对于超出课件范围的问题不能给出很好的回答。鉴于这一点，体育教学课件只能作为体育教学的辅助手段。

依据体育课的形式，体育课件可以分为实践学科课件和理论学科课件。

（二）体育教学课件设计的一般要求

体育教学课件的类型多种多样，比如课程式课件、辅导式课件、单项训练式课件、咨询对话式课件、测试评价式课件等。体育教学课件的分类方法也很多样，但是无论哪种体育教学课件的制作与设计，都应该遵循以下三个基本要求。

1.要符合教学规律

随着科学技术的发展和教学改革的逐渐深入，教学课件这种形式也应运而生，因此可以说教学课件是"知识爆炸"和"信息技术革命"在教育界的必然体现，它的出现又反过来推动了科学技术和教育改革的进一步发展。目前的教育改革和体育课程改革使用"传统教育"重教和"现代教育"重学两种教育理念的侧重点更加突出。在这两种教育思想的指导下，表现在体育教学课件设计上，就形成了"以教为中心"的课件和"以学为中心"的课件。

2.要符合认识学习规律

体育教学理论是建立在学习理论的基础之上的，因此在设计和制作课件时，必须要考虑学生学习过程的心理、行为激励和特点。从联想—行为主义理论出发，体育教学课件应该充当指导教师的角色，不但可以重复刺激，也可以个别教授以改变学生的行为，提高教学效果。从认知主义的学习理论出发，体育教学课件可以充当学生的角色，帮助学生优化学习过程。[①]同样从建构主义的学习理论、从人本主义的学习理论出发都有各自的特点。

---

① 佟晓东，刘铁.体育教学设计与实践［M］.沈阳：东北大学出版社，2009.

3.要符合教学实际

作为体育教学的辅助手段，体育教学课件与教学实践关系密切，因此教学课件的设计要与教学目的、任务、内容、教师经验、学生状况、场地设备、体育运动项目等特点密切结合起来。作为课件，计算机经常要变换不同的角色：它在充当辅助教学工具时，所起的是黑板、挂图、幻灯、音像设备的作用；作为学生的角色时要提供多种不同类型学生的学习过程和学习方式。但是，无论其充当的角色是什么，都应该与学生的实际情况相符合，因为"教"是为"学"服务的，体育教学课件当然也是为"学"服务的。

（三）体育教学课件的设计与制作

1.制订制作计划

体育多媒体教学课件计划主要包括确定课件开发的各部分工作的主要内容、进行的顺序、涉及的人员、使用的物资设备、完成的方式和日期等，列出框架性的结构、步骤，并附以简单必要的说明或备注，然后将各部分串接在一起形成工作流程。在这里要注意的是，工作流程并不是程序开发流程图，它要求简单清晰，目的是为了便于把握整体的工作进程，引领分析思路，提示应考虑的问题、完成任务的时间、标准和注意事项等。

2.设计课件内容和结构

在制作和设计体育教学多媒体课件时，应注意，课件的内容和结构设计要符合一定的要求，在实际的应用中，应选择受教学对象欢迎、能调动学生学习积极性的内容，这样有利于达到良好的效果。

（1）内容方面的要求：健康向上，符合社会道德标准，符合时代发展的特点；从实际出发，具有客观性、正确性和科学性；符合教学对象的特点与需要，能够有利于培养他们顽强的意志品质和积极进取的竞争意识。

（2）结构设计上的要求：重点突出，层次清晰；联系紧密，便于控制；媒体选取适宜，布局搭配合理。

除此之外，体育教学课件的内容与结构设计还应该兼顾教师的教学特长和风格特点，要紧密结合教师的教学特色，毕竟体育多媒体课件仅是辅助性手段，不能因多媒体的应用而失去自身教学特色，更不能取代传统的课堂教学。因此，体育多媒体课件在内容和结构设计上要把握好与传统授课方式的有机结合。

（四）体育教学课件的运用

体育教学多媒体课件主要起着辅助教学的作用，它只是一种教学手段，并不能代替课堂教学，因此在使用时不要陷入认识的误区。在使用体育教学课件时，首先要将所设计的硬件连接好，然后安装课件，安装成功后根据课件的使用说明和设计的界面提示就可以运行和操作了。

当前，体育课件的运用空间已经有了很大的扩展，不仅仅局限于早期的体育授课需要，而是逐渐向多元化的应用方向发展。近年来在学校体育教育中，除大家较为熟悉的"风雨教材"体育课件和反映"体育技、战术"的课件应用外，更多的体育多媒体课件根据不同的需要完成制作后还可用于"体育知识的学习、普及""体育技能的测评、培养""身体机能、健康指标的监测、评价""运动参与心理衡量""社会适应锻炼、模拟""学生成长记录""学生自学辅导""实施网络教学""进行体育宣传、交流""体育专业同行间业务交流、学习"等各个方面的体育应用。[①] 此外，作为构建"体育多媒体课件电子教案"和"体育多媒体课件数据库"的基本元素，"体育多媒体课件"本身也是非常重要的专业资源。

体育多媒体课件的应用应该注意以下几个问题：

（1）虽然多媒体课件运用时具有很多优点，但是并不代表可以随意使用。在具体的体育教学实践中，我们应该结合教学内容的实际，既要保留传统教学中好的东西，又要发挥多媒体教学的优势，合理地、发展性地使用多媒体课件教学。始终要坚持一个原则，多媒体课件教学只是一种辅助手段，不能用它来替代教师的讲解、示范、质疑、讨论等教学活动，仅仅是整个教学活动中的一种方法手段，而不是全部。

（2）在体育课堂教学中，多媒体课件应与其他演示方式兼容。运用多媒体课件的目的是为了突出重点，突破难点，帮助教师更好地达成教学目标。如果采用挂图、投影、模型等直观教具便能够很好地达成教学目标，就不需要在花费大量的精力来制作多媒体课件了，这是很重要的一点，不容忽视。

（3）多媒体课件的制作，对体育教师提出了一定的要求。体育教师应能够熟练使用电脑和多媒体教学平台，能够掌握一到两种的课件制作软件，独立制作简

---

① 佟晓东，刘铁.体育教学设计与实践［M］.沈阳：东北大学出版社，2009.

单的教学课件。与此同时，所制作的课件要与教学对象的认知水平相适应。教师在制作多媒体课件时，首先要钻研教材，在理解教材的基础上去收集有利于突出重点、突破难点的素材，然后根据教学目标的需要和教学对象的实际水平，对收集的素材进行加工整理和开发，尽量避免小学课件成人化，初、高中课件低幼化的现象。[①] 课件也是由人来制作完成的，因此它不可能完美无缺，这就要求教师做一个有心人，在使用课件时留心捕捉反馈信息，及时修改补充逐步完善课件，力求形成品位高质量好的多媒体课件。

（五）体育教学多媒体课件制作工具

体育教学多媒体课件制作需要有配置齐全的多媒体家用计算机系统和相应的外围设备。

操作系统一般是Windows或其他。

1.多媒体课件素材制作工具软件

素材制作工具软件主要用于声音、文字、图像、视频、动画等素材的采集、制作、加工、转换等处理工作，包括以下几大类：

文字处理软件：Microsoft Office等。

图片处理软件：Photoshop、Coreldraw、Paintor、ACDSee、Hyper-Cam、SnagIt等。

声音处理软件：CakewalkProAudio、Wavedit、Musictime等。

影像处理软件：Premiere、超级解霸、Morphy等。

动画处理软件：AnimaterPro、3Dmax、C0013D、Extreme等。[②]

2.多媒体制作系统软件

系统软件主要应用于多媒体素材的组织编辑、管理、链接、集成、整合成多媒体课件的软件系统，包括以下两类：

多媒体集成工具软件：Authorware、Director、Action、方正奥思、洪图、摩天等。

压缩软件：Winzip、WinRAR等。

① 佟晓东，刘铁.体育教学设计与实践［M］.沈阳：东北大学出版社，2009.

② 佟晓东，刘铁.体育教学设计与实践［M］.沈阳：东北大学出版社，2009.

3.多媒体数据库系统软件

常用的数据库系统软件有：Excel、Foxpro、Acess、VFP等。

（六）多媒体课件用于体育教学所面临的几个问题

1.多媒体课件和课件制作人才的匮乏

首先，虽然当前多媒体教学课件日益丰富，但是由于研究人员对体育科目多媒体课件的开发重视严重不足，导致体育教学课件极为匮乏，再加上市场的大部分多媒体课件无法直接应用于课堂教学，有的仅仅只是侧重于单个学生人机对话，交互性差，缺少跳跃、扩容、共享的能力。其次，由于多媒体课件的技术性比较强，并且其制作是一个复杂的过程，对制作者的水平要求就比较高。制作课件的人不仅要具备一定的编程能力外，还需要拥有较高的体育理论水平，必须懂得体育教学，而在普通学校里，同时具备这两个条件的人才严重缺乏。

2.传统体育教学观念的影响

在目前的体育教学中，一些教师的观念还是很陈旧且保守的，依然停留在一味的身体练习和单调的课堂理论教学上，对多媒体教学的认识度不够，更别提多媒体课件的制作了。在体育教学中，身体练习的重要性是毋庸置疑的，但是我们更应该认识到多媒体教学的优越性，运用多媒体技术进行辅助教学往往比教师的示范和讲解更直观、更生动、更易被学生接受。不仅能够提高学生的学习兴趣，使学生易学易懂，印象深刻；而且对学生运用科学的方法主动从事身体练习也起到极大的促进作用。

3.电教设备、设施的缺乏

近年来，国内较先进的电教室基本上配备了大屏幕液晶显示器、投影仪等完整的电教设备。但是我国经济发展不平衡，且大屏幕液晶显示器价格昂贵。现今大多数学校用于教学的计算机屏幕较小，这对于一个50人以上的教学班来说，教学效果势必会受到影响。在基层，一个学校只有一个多媒体教室，其他科目的教学都应接不暇，根本轮不到体育教学。[①]再加上体育教学的特殊性（以身体活动为主要特征），对活动空间的要求比较高，所以要想将电化教学应用于体育教学，学校必须具备一个综合性体育馆，既能放映体育电化教学节目，又能用于身体练习

---

① 佟晓东、刘铁.体育教学设计与实践［M］.沈阳：东北大学出版社，2009.

和体育训练。但根据目前的经济状况，大部分学校都无法满足这种条件。

三、体育教学媒体的选择程序

体育教学媒体的选择需要参照体育教学目标、教学内容、学生特征，以及学校现在的教学设备来进行。同时，在具体的教学设计中，科学地选择适当的教学媒体还需要依照一定的程序，其中每一个程序都应遵循媒体选择的原则，而且都需要有一定的理论依据来支持。

（1）对教学目标和教学内容进行分析，再根据学生的特征，确定必须由媒体来表现的教学内容。举例来说，某一化学分子结构，需要借助直观的媒体，其原子的组成和连接方式及立体的空间结构才能被反映出来。

（2）明确有哪几种可供选择的教学媒体可以表现既定的教学内容。如上述确定的教学内容是某化学分子结构，那么，什么样的媒体能够表现呢？通过在对各种媒体的性能和功能认识的基础上筛选出挂图、模型、三维动画（多媒体演示）。[①]

（3）确定最佳媒体。在这里，最佳所涵盖的范围是非常广泛的，并不一定是表现力最佳，而是将各方面因素综合起来最为适合的。

（4）根据整体的教学设计，确定不同教学环节、不同内容所使用的不同媒体，并将这些媒体整合到教学过程的流程中。

（5）根据上一个桯序中的流程图，我们的注意力被导向较为恰当的某一个或某几个媒体。从理论上讲，这些媒体都是适用的，但实际上在它们之间还存在着最佳选择。因为在教学设计实践中，除按照教学目标、教学内容、教学对象、教学策略等因素的要求来选择媒体外，人们还要考虑一些其他的实际因素，如获得的可能性、成本的值得性、使用的便利性、师生的偏爱性等。

---

① 佟晓东，刘铁.体育教学设计与实践［M］.沈阳：东北大学出版社，2009.

第八章 体育教学环境的设计

第一节 体育教学环境简介

一、体育教学环境的特点

体育教学环境是一种特殊的社会环境，是体育教学活动赖以开展的物质基础，在体育教学中具有重要的意义。与其他学科相比，体育教学环境又有自身的特点，体育教学环境对教学产生的影响更直接、更适时、更明显。

由于体育教学环境是学校里的环境，学校是专门化的教育场所，因此学校体育教学环境又不同于其他环境。体育教学环境具有以下几个特点。

（一）规范性

学校的体育教学环境是根据全面促进人的身心发展这一需要和国家的教育方针、学校的培养目标而设计、建设和组织起来的，是育人的专门场所。体育教学环境肩负着育人的重任。因此，环境建设的方方面面都要符合育人的要求和规范。

（二）调控性

体育教学环境可以及时加以调节控制。教师在体育教学活动中可以根据教学活动的需要以及教学环境的变化，不断能动地对教学环境加以必要的调节控制，撷取其中对学生身心发展具有积极影响的因素，消除消极影响因素。[①]

---

① 彭健民.体育教学设计［M］.长沙：湖南教育出版社，2005.

（三）净化性

学校是培养人才的地方，有高素质的师资队伍，有国家教育政策和方针的规范指导以及比较稳定的课程体系，而且教学环境的主客体因素是在追求真理、掌握知识、发展身心这样一些共同的高尚的目标下组织在一起的，各种环境因素并不能随意的就进入教学中，都要经过一定的选择、净化、提炼和加工等纯化处理。学校是社会的一方净土，相对其他的社会环境来说，教学环境没有外界的喧嚣繁杂，所以比较纯净。

（四）教育性

体育教学环境是进行体育学习的平台，它是体育教学活动赖以进行的物质依托和舞台，同时，构成体育教学环境的各种环境因素本身也具有教育意义。正因为体育教学环境是个培养人才的场所，所以体育教育环境不同于其他的环境，人们在构建体育教学环境时其教育功能远远超过了物质功能。

二、体育教学环境的功能

体育教学环境的功能，指的是体育教学环境在体育教学活动的作用中产生的特殊功用与效能。体育教学环境对体育教学的影响积极与消极并存。良好的体育环境是有效开展体育教学活动的前提，是开展教学活动的基础，可以促进教学顺利的开展，对学生的身心发展也有重要的影响，下面我们介绍良好的体育教学环境对体育教学活动的功能。

（一）指导功能

方向和目标是人们行动的指南，也是行动的动力。体育教学环境的指导功能是指体育教学环境可以通过自身各种环境因素集中一致的作用，引导学生主动接受一定的价值观和行为准则，使他们向着社会所期望的方向发展。[①] 如前所述，体育教学环境是按照人的身心发展的特殊需要和国家教育方针、学校培养目标的具体要求组织起来的育人场所，它集中体现了社会主流文化的精神和价值取向，体

---

① 龚坚.现代体育教学论［M］.重庆：西南师范大学出版社，2009.

现了国家和社会对年青一代成长寄予的厚望。这些要求和期望渗透在学校大大小小的环境中，形成一种具有教育和启示意义的教育资源，引导着学生的思想，规范着学生的行为，塑造着学生的人格。体育教学环境可以通过自身各种因素的综合作用，对学生起到引导的作用，帮助学生养成锻炼的习惯，并自觉抵制不良行为，形成文明健康、积极向上的生活方式。

（二）陶冶功能

文明、和谐、活泼向上的体育教学环境，对陶冶学生的情操，净化他们的心灵，培养他们的审美情趣以及养成他们高尚的道德品质和行为习惯具有显著的作用。通过各种体育教学心理环境因素的积极作用，学生能够在耳濡目染、潜移默化中受到熏陶和感化，从而产生一种春风化雨、润物无声的教育效果。体育教学环境的这种陶冶功能如果运用恰当，对实现体育教学的目标乃至学校体育的目标都具有重要意义。[①]

（三）激发功能

体育教学环境的激发功能，是指良好的体育教学环境不仅可以激发师生的工作热情和工作动机，还能提高他们工作的积极性，从而推进学校教育、教学工作的顺利开展，提高学校教学工作的质量。在良好的体育教学环境中，各种环境因素都能激发教师和学生的积极性。如宽敞明亮的教室、整洁的场地、功能齐全的器材、充满活力的运动场以及良好的学习氛围等都会给师生带来极大的振奋和鼓舞，不断鞭策他们积极向上。特别是良好的班风学风，对师生来说，是一种强大的精神力量，时刻激发着师生振奋精神、团结向上。

（四）健康功能

体育教学环境是师生长期生活、学习、工作的环境，环境的优劣直接关系到教师和学生的身心健康。一个卫生条件良好，没有污染和噪声，教学设施充足、安全的体育教学环境，可以有效地促进师生特别是学生的身心健康。另外，体育教学中宽松和谐的课堂气氛和良好互助的人际关系，还对学生心理健康有积极的

---

① 毛振明.体育教学论［M］.北京：高等教育出版社，2005.

促进作用。

从上述讨论中可以看到，体育教学环境是一个多层次的复杂系统，同任何环境一样，它时刻在潜移默化地左右教师的教和学生的学，学生对体育的兴趣、爱好、态度、锻炼习惯、能力以及身心发展水平无不受到体育教学环境的影响。毫无疑问，体育教学环境是影响体育教学质量的重要因素之一，应引起我们的关注。此外，如何优化体育教学环境，也是值得研究的另一个课题，有待我们今后在体育教学实践中做进一步的探讨。[①]

第二节　体育教学环境设计

一、教学环境的设计原则

（一）教学环境设计的整体化和协调化

构成教学环境的因素非常复杂，只有当所有因素协调一致时，教学环境的积极作用才能发挥出来。教学环境设计的整体协调化是指在学校教学环境设计过程中，无论学校领导还是教师，都有全局观念，从整体上对教学环境的各个方面进行全面规划、调整，把各种环境因素有机地协调为一个整体。进行全面调控。将教学环境作为一个整体进行全面考虑，并将这些环境因素产生的影响协调一致起来，使它们向着有利于促进教师和学生身心健康即提高教学效果的方向发展。教学环境的设计要合理，要遵循生理学、心理学、教育学、美学的基本规律，使教学环境和教学过程达到真正的协调统一。[②]

（二）教学环境的教育化

学校是一种特殊的环境，其特殊就在于它是一个简化、净化、平衡化、精神

---

① 陆作生，董翠香，李林.学校体育理论与实践［M］.北京：地质出版社，2004.
② 严明.语言教育心理学理论研究［M］.长春：吉林出版集团有限责任公司，2009.

化、以人为中心的环境。诚如苏联著名教育家苏霍姆林斯基所说的："孩子在他周围——在走廊的墙壁上、在教室里，在活动室里——经常看到的一切，对他精神面貌的形成具有重大的意义。"正因为如此，对体育教学环境的设计，无论是大型的体育场馆，还是一个小小的体育宣传橱窗，都必须要慎重，都必须要充分挖掘其对学生身心全面发展的教育意义，都必须有利于启迪学生的思维、有利于激发学生的体育学习动机和兴趣、有利于陶冶学生道德情操，以营造出一种"连墙壁都在说话"的体育教学环境，使置身于其中的学生无时无刻不受到熏陶和教化。[①]

（三）教学环境的自然化

在经济飞速发展，自然景观社会性越来越浓的今天，人们更向往自然的环境。如果一个学校在设计其教学环境时，尽量地保留原始自然风貌，可以更加合理地运用阳光、空气、土壤、流水等自然资源，让学生贴近大自然，爱护大自然，这样也会在无形中对教学产生良好的影响。教学实践和心理学研究表明，整齐清洁、优雅宁静的教学环境使个体心情舒畅、精神振奋，大大提高了学习效率，有利于促进学生的智力发展，培养他们积极进取的思维和开拓精神。这是因为当一个学生感到心情舒畅、愉快、无忧无虑时，就能比较充分地发挥其智力活动的积极性，易于在大脑皮层形成优势兴奋区域，新的暂时神经联系易于形成，原有相应的暂时联系也易于复活，有利于促进智力的发展。Flensborg（1992）认为环境的自然美学有三个主要的维度：第一，提供愉悦的感觉；第二，有令人兴奋的知觉结构；第三，有愉快的象征联结。不难想象，当学生漫步于绿树成荫、花草芬芳、空气清新的教学环境，或者置身于装饰淡雅、整洁干净、和谐优美的教室中的时候，美的情感、美的感受定能得到升华。[②]

通常来说，地域不同、学校不同在自然环境条件上势必存在差异，任何学校在自然环境方面都有自己的特点和优势，充分挖掘和利用自己现有自然环境优势，最大限度地减少、避免和弥补现有自然环境的不足，才能从整体上推动体育教学环境的改变。每个学校只要深入分析挖掘本地的自然环境，都可以发现本校所处自然环境的潜力和优势。如山区学校平地面积小，则应建造一些小型多样的运动

---

① 毛振明.体育教学论［M］.北京：高等教育出版社，2005.

② 彭健民.体育教学设计［M］.长沙：湖南教育出版社，2005.

场地，适当开展登山、越野等体育运动项目；临海、临湖则可多开展一些水上运动；北方多冰雪，则可多开展水上或冰上运动。[①]

重视体育教学自然环境的改善，有计划地建造风雨操场、室内练习馆，以减少风雨、强烈阳光对体育教学的影响。要提高体育场地的自然环境保护意识，可在户外体育场地旁多种植树木和绿草，因为绿色植物可以吸收和过滤空气中的有害物质，同时还可以净化空气、改善空气质量、减少体育场所的大气污染，而且还能降低噪声污染，并起到遮挡阳光、散热及挡风的作用，从而为师生创造一个令人心旷神怡的自然环境。

教师还可以根据自然环境的变化，灵活机动地选择体育教学的内容、方法、组织形式。如在炎热的夏天，可降低练习要求及难度，改变运动形式，尽量避开过冷或热的锻炼环境。注重以人为本，而不是一味要求学生"夏练三伏，冬练三九"，使学生真正热爱体育，充分享受体育学习。

（四）教学环境的人性化

学校教学环境的设计也必须根据学生的实际需要出发。这些需要既有物质上的也有心理上的。如果我们要满足学生的需要，就必须同时满足学生情感和物质两方面的需要。从某种意义上说，注重人性的学校本身就是一个教育过程，可以促进学生的学习和活动的效率，可以给予学生更多的感官刺激。在学校中，教师应该是教学环境的设计师，设计教学环境时可以鼓励学生参与进来出谋划策。同时，教师也要为他们提供和创设良好的教学环境，以充分发挥学生的兴趣、爱好和聪明才智。人性化的教学环境不仅启迪了学生的心智，同时还可以陶冶他们的道德情操。

（五）教学环境的社区化

学校本身作为社区系统中的一个重要组成部分，社区的发展和变化对学校的教学环境有重要影响。但是在教育制度化的过程中，学校教育却出现了脱离社区环境的发展趋势。从长远来看，这样不利于学校教育的发展，也不利于学生身心的发展。学校教学环境设施不能孤立于周围的社区环境，应该是一个开放系统，

---

① 饶平.体育新课程教学论［M］.南京：南京大学出版社，2011.

依赖于周围的社区环境而存在。可以说，长期以来，学校教学环境设计的社区化是特别容易被忽视的一个问题。校园是社区中最主要的公共设施，社区是学校教学环境设计中可以利用的最重要的资源。社区对学校资源有分享的权利并且承担相应的义务，学校服务的对象也不仅仅是在校的学生，而应该是整个社区中的所有公民。例如，学校可以采取提供信息咨询服务、开办各种培训班、倡导社区文化等方式，来加强与社区之间的联系和互动。因此，体育教学环境的设计必需要考虑到社区的环境，而社区环境的营造也必须考虑教育的功能，这样才能培养合格的公民合格的学生。

二、教学环境的创设

教学环境是教学活动必须凭借的一个重要因素，创设体育教学环境这一重要的教学要素，发挥它在体育教学活动中的功能和作用，有助于我们更好地探索教育规律，提高教学质量。

（一）教学物理环境的创设

1.教学物理环境的创设必须适合人的生理、心理需要，注重科学性

体育教学的物理环境是教学环境的一个重要组成部分，是学校进行体育教学活动的物质载体或物质基础，没有这个物质基础，体育教学活动只能是空中楼阁。各种环境因素以不同的形式渗透、参与在体育教学活动的各个方面、各个环节中，以各自特有的方式潜移默化地影响、干预着教学活动的进程与效果。体育教学活动的自身特点，决定了它对体育教学环境的要求高于其他教学活动对环境的要求。例如，学生在室外上课，会受到人群的吵闹声，车辆的马达声，其他班级上课的声音等的影响，这些环境因素会影响和分散学生的注意力，也不利于取得良好的教学效果。

2.教学物理环境的创设要注重提供丰富多样的适宜刺激，激活学生的智力活动

为学生提供丰富多彩的环境以此来激发学生的智力活动，但是不合时宜的环境刺激会阻碍学生的智力发展。如教学场所的空间、通风、采光、造型设计、色彩运用等。创设教学物理环境，尤其要注意提供丰富多样的教学物资设备，充分运用现代化的教学手段，让学生多种感官参与学习活动，充分开发学生的左右脑，激发学生的潜在能力。

3.教学物理环境的设计应注重其对学生心理的愉悦性，保持积极的学习态度

教学的物理环境既要满足教学的要求与学生愉悦的心理要求，但是不能华而不实。教学物理环境可以引起学生积极的学习心态，从而保持智力活动的最佳水平。因此，教学物理环境的设计应考虑其能激发起学生积极的心理反应，产生良好的心理状态。良好的教学条件对保证好的教学效果起到十分重要的作用。如4个人挤在一张乒乓台上打球的效果肯定不如2人一张台，几十个人挤在一块篮球场上打球肯定比十几个人在一块场上打球的效果要差。而且，对教师的组织教学、运动量的控制、练习密度的调控都带来问题，且不利于调动学生的活动积极性，造成学生学习兴趣下降，对教与学两个方面都不利。教学环境与教学活动，就犹如空气、阳光与一切生物的生命运动一样，是不可缺少的。

体育物质环境的好坏，影响着体育教学活动的开展和体育教学活动取得的效果。学校应尽可能增加投入，提供充足、优良的场地器材，配备足够的师资以保证体育教学的需要，并确保体育设施周围无干扰，每个班级学生人数相对合理，以利于课堂信息的传递，这是提高体育教学效率的基础条件。

（二）教学信息环境的创设

要使教学信息有效地传递，优化教学效果，必须合理地设计教学的信息环境。

1.教学信息的传递应具有情境性

信息传递必须具有良好的问题情境，它是信息传递的心理空间。通过构建问题情境，设计信息传递的心理空间，从而调动学生主动接受信息和积极消化处理信息的心理动力。如果信息的传递不能处于积极的心理空间之中，就会使信息的接受成为消极被动的过程。

在教学活动中，教师不仅传递着知识信息，而且通过各种非言语媒介传递着情感信息。例如，教师和蔼可亲的表情，一个赞赏和信任的眼神，生动的手势等均在传递着情感信息。这些情感信息的传递，会在师生之间形成一种良性的情感交流，使学生乐意接受传递的信息，以积极热情的态度对待学习，从而提高信息沟通的效果。因此，教学信息的设计必须注意充分利用理性与非理性、智力与非智力、认知与情感意志的有机结合，以促进学生的全面发展。

2.教学信息的转换注重适宜性

第一，教学信息环境的设计，必须充分考虑信息传递的载体和形式是否适合

学生的心理发展水平及其生理特点。通常来说，生动、形象、直观的信息，不仅节省了传输时间，且能激发和增强认识的兴趣，提高学习效率，学生可以更加容易的接受信息。有关实验证明：同样的信息量，用语言介绍，其识别的时间是 2.8 秒，用线条图描述，其识别时间是 1.5 秒，用黑白照片介绍，识别时间是 1.2 秒，用彩色照片介绍，识别时间是 0.9 秒，直接看实物，其识别时间是 0.7 秒。第二，有序结构的信息有助于激活学生的认知活动，从而提高信息传递的有效性。在加工处理信息时，应避免知识的杂乱无章，要规划好传递的信息，确定知识的难易程度与开展顺序，重视建立知识结构，有规律地安排和处理各种信息，使之成为相关联的信息整体。第三，教师应该对教学信息进行加工改造使之符合学生的心理发展水平，如对繁杂的内容适当调整，对比较抽象的信息适当做形象、感性的补充。

3.教学信息的设计应具有反馈性

教学信息环境的设计要注意信息传递路径的通畅，形式的转换要恰当，而且必须充分重视信息的反馈与调控。反馈既是检查输出信息效果的有效手段，又决定和调节着信息的再输出。因此，只有及时、全面、多向的反馈，才能提高信息传递和接受的质量，实现最优化的教学效果。

4.教学信息传递应使信息丰富、生动

在教学过程中，教师发出大量的信息之后，学生才能接受到大量的信息，这就要求教师传递的教学信息要具有丰富性。但是，信息的丰富并不仅指教师发出信息的数量，还包括学生从中真正接收到信息的数量。教师传输的信息虽然多，但在传递的过程中可能有消耗和损失，结果学生获得的实际信息量不是很多。如教师仅用有声语言刺激学生的听觉系统，而对其视觉系统置之不理，那么输出的知识信息量一定是少的，学生接受到的实际信息也就极为有限。因此，教师一方面要注意多媒体、多通道输入信息；另一方面，要善于设计信息的传递输入，不但要使用有声言语作用于学生的听觉器官，而且还要恰当使用表情、动作以及实物、幻灯、模型等作用于学生的视觉器官，变单项机械的刺激为多项生动的刺激，使知识信息向学生呈直观生动的多觉辐射，由此产生的认知就会更加强烈，从而增大学生的知识摄入量，提高教学效果。[①]

---

① 彭健民.体育教学设计［M］.长沙：湖南教育出版社，2005.

（三）教学心理环境的创设

教师是良好教学心理环境的创造者和调控者，对课堂教学心理环境的创设起主导作用。

1.创设良好的体育风气

在高校中，良好的体育风气的形成，并不是朝夕就能完成的事情。要形成持久而稳定的体育文化风气，有赖于高等学校教育者的精心设计。

首先，要有组织保障即争取和依靠学校领导的支持。这是做好学校体育工作，创建良好传统体育风气的组织和保证。凡是体育工作开展得较好，并形成良好体育传统与风气的学校，无一例外的都是得到了学校领导的高度重视，在认识上到位，在制度措施上得到很好的落实。其次，加强体育教师素质水平的提高。体育教师既是体育工作的实施者也是体育工作的组织者，体育教师的精神面貌和行为方式以及教学水平对学生的影响是持久而深刻的，对学生的体育兴趣、爱好及能否养成锻炼习惯至关重要。因此，在学校体育风气的形成过程中，教师起着关键性的作用，只有提高教师的素质水平，切实做好教书育人的工作，才能促进学校体育风气的形成与发展。最后，加强舆论宣传，培养学生对体育的自觉意识。可通过黑板报、广播、校园网等媒介，以及举办体育节、体育周、体育日、体育知识讲座、观摩体育比赛、体育知识竞赛等方式，使学生了解体育，认识体育的价值，以培养学生人人爱运动、个个求健康，把锻炼身体作为日常生活的一种习惯。[①]

2.激发情感，建立主动学习的心向

在教学活动中，要促使学生产生主动学习的心向。首先，必须激发学生肯定而积极的情绪情感体验，形成以学为乐的心理状态。在教学活动中，学生的情感体验既有积极的情感体验也有消极的情感体验。例如，愉快、喜欢、热爱、尊重等这些是积极的情感体验；苦恼、惧怕、过度焦虑、憎恨等这些是消极的情感体验。学习活动中，学生的情感体验不同，其接收教学信息的效果也不同。教师以愉悦欢快的情绪进行教学并使学生产生同样的体验，其课堂气氛必然好，势必会产生良好的教学效果；以不高兴、低沉的情绪进行教学，则学生的情感体验通常

---

① 张学立.毕节试验区高等教育研究［M］.贵阳：贵州大学出版社，2008.

也是消极的，其教学效果下降非常明显。学习心理的研究也表明，学习活动中，凡是伴随着使人满意、愉快的情绪体验，就能使学习活动受到强化，而不满意的情绪体验则使学习的智力活动受到抑制。为此，教学活动中，教师必须注意：

（1）尊重信任学生，教学态度和蔼可亲，注重积极情感体验的诱发；

（2）注意学生的情绪变化，及时解除不良情绪的干扰；

（3）充分发扬教学民主，营造生动活泼、民主和谐的教学气氛；

（4）建立和谐人际关系，巩固和交流积极的情绪情感；

（5）保持积极的教学情感状态，充分挖掘教材的情感因素，引起师生情感共鸣。

在日常的体育教育中，体育社会心理环境主要通过以下 5 个子环境系统发挥作用，即信息环境、人际环境、组织环境、情感环境、舆论环境。除此之外，还有诸如师生的仪表、言谈举止、教学目标的结构、体育的各种比赛，这些因素都作为教学环境的组成部分，从各个不同的方向对师生的认识、情感和行为，对学校的各项体育工作产生着潜移默化的影响。[①]

3.树立信心，重视对学习的肯定性评价

重视肯定性评价，产生成功体验，树立学习自信心是创设良好教学心理环境的重要保证。学习活动的评价是教师对学生的学习行为、学习习惯、学业成绩等依据一定的标准做出的评价。对学习活动的评价是师生间相互沟通的重要桥梁。它可以是口头的表扬、鼓励或批评，也可以是书面的评分、评语。通过评定，一方面，教师既可以了解自己的教学情况与学生的最终学习效果，为进一步的教学提供依据；另一方面，学生可以从评定中了解教师对自己的看法、态度，找到学习行为的依据。学生对学习的兴趣、自信心在很大程度上取决于教师的评价，他们可能因为教师某一次对其学习活动的肯定性评价而喜欢、倾向于教师，从心里喜欢这个教师的课程。因此，教师对学生的评价应充分考虑学生的年龄特点和个性差异，以鼓励和肯定性评价为主，以树立学生学习的自信心，从而激发其学习的内在持久动力。

---

① 彭健民.体育教学设计［M］.长沙：湖南教育出版社，2005.

第九章　体育教学过程的设计

第一节　体育教学过程简介

一、体育教学过程的含义

体育教学过程是为了实现体育教学目标而计划、实施的，使学生掌握体育知识和运动技能并接受各种体育道德和行为教育的教学程序。

二、体育教学过程的性质

（一）体育教学过程是学生掌握运动技能的过程

体育教学过程是学生掌握运动技能的过程。知识类学科的教学过程主要是使学生识记概念并运用判断、推理等思维方式去掌握科学知识并发展智力；而体育学科则是使学生在坚持不断的身体练习中去掌握运动技能，并通过掌握运动技能进行其他方面的养成教育。

（二）体育教学过程是提高运动素养的过程

掌握运动技能与提高运动素养是一种相辅相成的关系：掌握运动技能需要提高运动素质，提高了运动素质才能更好地掌握运动技能。从这个意义上说，体育教学过程也是一个不断提高学生运动素质并以此增强学生体能的过程。因此，在体育教学过程中不仅要注重学生对运动技能的掌握，同时还要关注学生运动素质的提高，要在设计教学、安排进度和选编内容等方面将二者有机地协调起来。

（三）体育教学过程是学习知识和形成运动认知的过程

体育是一门综合性的学科，它不仅涉及人文学科，还涉及自然学科。因此，在以掌握运动技能为主的体育教学过程中，学生也会涉及许多知识的学习和运动认知的获得，这些因素在某些情况下构成了学生掌握运动技能和提高运动素质的基础。因此，体育教学过程也必然是一个掌握体育知识和运动认知的过程。

（四）体育教学过程是集体学习和集体思考的过程

由于大多数体育运动项目都是在集体和小集体的形式下完成的，因此形成了"集体学习"和"小集体学习"的体育教学形式，这就决定了体育技能的习得也需要在集体性学习和集体思考的过程中完成。再加上当前的体育教学目标也越来越指向学生的集体学习，以期获得集体教育的潜在作用，因此体育教学中的集体学习和集体思考也成为了加强师生、生生互动和沟通，培养学生的社会交往和社会适应能力的主要途径，因此我们也要把体育教学理解成为一个学生集体学习和集体思考的过程。

（五）体育教学过程是体验运动乐趣的过程

学生学习体育的过程是一个在心理上伴随着苦、累，甚至伤痛的过程，是身体经受生物学改造的过程，但同时也是一个在身体和心理方面体验运动固有乐趣的过程。这种乐趣是体育运动生命力的体现，也是体育教学的学习目标与内容，更是培养学生体育参与意识的途径和手段，是终身体育的重要基础。[①]因此，我们还要把体育教学过程理解成为一个学生体验运动乐趣的过程。

三、体育教学过程的功能

体育教学过程是一种认识和实践相统一的活动过程，这一过程的目的在于促进学生的全面发展，也就是说，教学过程的功能在于促进学生身心诸方面的和谐发展。全面地认识和开发体育教学过程的功能，可以使教学更好地成为实现教育目的的有效途径。

---

① 赵静，马莹，马玉龙.体育教学理论问题与实践应用［M］.长春：吉林大学出版社，2013.

体育教学过程的功能主要表现在以下几个方面。

（一）教育功能

在体育教学过程中，学生不仅能够在知识上得到增长，能力得到一定的发展，而且在思想情感、精神面貌、道德品质等方面也会受到一定的熏陶而发生变化。因此教师在教学过程中，应该自觉地将教书和育人统一起来，使教学过程的教育功能得以充分发挥，给学生的思想和道德以有益的影响。

（二）传递知识的功能

通过体育教学过程，教师还能够向学生传递系统的科学文化知识和基本技能技巧。因为教学过程是有目的、有计划、有组织地培养人的过程，所以它可以发挥出高效率、高质量的传递功能。

（三）智能培养的功能

培养智能是在传授知识和形成技能的统一过程中进行的，三者之间有着极为密切的联系，是互相促进，互相依存的统一体。其一，知识是智力活动的内容；其二，获取和运用知识的活动本身，就具有智力锻炼和能力培养的功能；其三，技能形成则能够大大简化智力活动过程，能更经济、更有效、更快地提高智力活动的水平。[①]

（四）审美的功能

体育教学过程将"美"的因素作为教学手段或教学艺术贯穿于教学过程的始终，并渗透到教学活动的各个方面，学生在这种"美"的形式中顺利吸收"教"所要传达的各类信息，并陶醉于对教学美的享受之中，消除紧张学习带来的疲劳，形成一定的审美观念、趣味和能力。

（五）发展个性的功能

传授知识、形成技能和培养智能，也是发展个性的重要方面。在体育教学过

---

① 龚坚.现代体育教学论［M］.重庆：西南师范大学出版社，2009.

程中，每个学生都有可能在原有经验背景和生理条件的基础上，形成独特的知识、技能和智能结构，构建自己新的知识体系，这些也是发展自身个性的基础。但是，我们还应该认识到，学生个性的发展还取决于思想、品德、价值体系、情感、动机、态度、意志的培养，身体素质的健全等因素。

四、体育教学过程的五大规律

（一）运动技能形成的规律

体育教学的主要目的是让学生学会和掌握一定的运动技能，而对运动技能的学习则需要经历一个由不会到会、由不熟练到熟练、由不巩固到巩固的发展过程。具体来说，动作技能形成、提高的过程分为三个阶段：一是粗略掌握动作阶段，二是改进与提高动作阶段，三是动作的巩固与运用自如阶段。虽然在体育教学过程中，每次课只有 45 分钟，每周只有间断的 2～3 次课，体育课安排不可能明显地体现和准确地划分出动作技能掌握的这三个阶段，但从一个掌握动作技能的长链结构上看，仍然是要遵循运动技能形成规律的。①

在体育教学过程中，以上所述的运动技能形成的三个阶段受很多因素的影响，比如，运动技能的难度、学习运动技能的总时间和练习密度、体育教师的教学经验与教学能力、学生的前期经验积累、学生的体育基础以及学生身体素质强弱，等等。

（二）运动负荷变化与控制的规律

体育教学是一个体育习得过程，主要由学生通过身体练习来完成。这就意味着，学生在体育教学中身体必定要承受一定的生理负荷，同时，从某种意义上讲，这种生理负荷越大，对学生身体产生的生物性痕迹效应越深，对体能提高的效果也越强。但是与一般的体育锻炼和运动训练不同，作为教育的体育教学所追求的并不仅仅是生理负荷和生物性改造，还有其他的目的，因此在体育教学过程中不仅要合理地利用生理负荷，还要合理地控制生理负荷，这就是运动负荷变化与控制的规律。

---

① 毛振明.体育教学论（第 2 版）[M].北京：高等教育出版社，2011.

根据人体生理机能活动能力变化的规律，在体育教学过程中学生承受运动负荷的规律也与此相适应，运动负荷的安排要与机能变化的三个阶段相匹配，在人体机能活动最强的时段安排较大的负荷，在人体机能活动上升和下降阶段要控制运动负荷，这是一个基本规律。[①]但是，在具体的体育教学实践中，由于学生在年龄特点、身体健康状况、体育基础水平、教材的性质、教学组织教法以及气候条件等方面具有一定的差异性，导致学生机能活动能力上升阶段所需要的时间、最高阶段的高度、稳定的时间，以及身体承担急剧变化负荷的能力等均有一定程度的不同。因此，应根据现实情况，对学生承受运动负荷的大小酌情考虑，并及时地予以调整和控制。

体育教学中的运动负荷变化与控制过程是：①热身和逐渐加强运动负荷的阶段→②根据教学的需要调整和控制运动负荷的阶段→③恢复和逐渐降低运动负荷的阶段。

（三）体育知识学习和运动认知的规律

学生在体育教学中所学习的重要内容之一是体育运动文化和身体锻炼的知识，这一特殊性就决定了在体育教学中所培养的运动认知是其他学科不能替代的。体育学科所具有的独特的运动认知体系就决定了在体育教学中也要遵循体育知识学习和运动认知的规律。

体育学科特有的运动认知体系是个断提高人体对物体、对自我的速度和对时间、空间、距离、重量、力量、方位、平衡、高度等因素予以识别和控制的能力，是一种"身体—动觉智力"。所谓身体—动觉智力主要是指运用四肢和躯干的能力，表现为个体能否较好地控制自己的身体并使之对事件作出恰当的身体反应以及是否善于利用肢体语言表达自己的情感和思想。构成身体—动觉智力有三个核心要素，其一是有效地控制身体运动的能力，其二是熟练地操纵物体的能力，其三是体脑协调一致的能力，身体—动觉智力在多元智力中占有非常重要的地位。

用多元智能理论来解读体育教学，我们就可以在体育教学中，帮助学生协调地控制身体运动、熟练地操作物体（器械、器材），培养学生的空间感知能力和对方向的判别能力，培养学生对器械的速度、重量、方向等感知能力，从而不断地

---

① 毛振明.体育教学论（第2版）[M].北京：高等教育出版社，2011.

提高学生的运动认知能力。

体育教学中的运动认知过程是：①广泛进行感性认知形成感性基础的阶段
→②进行理性的概括形成理性认知的阶段→③将理性的认知演绎到各种运动情景
的应用阶段。[①]

（四）体育学习集体形成与变化的规律

体育学习集体形成与变化规律主要指的是在体育教学过程中，学生主要是通
过在集体合作、配合和相互帮助中学习的。这是因为，在体育教学中，大多数体
育项目和活动都是以集体形式呈现的，因此集体性学习也体现了体育的特性和目
标指向。这就要求，在体育教学中要注重和突出学生体育学习的集体性规律。

体育学习集体形成与变化的规律的主要要求如下：在体育教学设计中，教师
在选择体育教学内容时，尽可能地选择那些集体性项目；在选择教学组织形式时，
采用分组的小群体教学形式；要研究集体性学习的评价方法。只有切实地遵循这
条规律，才能更好地把集体教育和思想道德教育融化于体育教学过程之中，使体
育学科特有的集体特性和集体教育的价值得到完美的体现。

体育教学中的集体教育过程是：①组成集体，形成集体因素的阶段→②集体
巩固，在集体中接受教育的阶段→③集体成熟，自觉采取集体行为的阶段→④集
体分解，形成新学习集体的阶段。

（五）体验运动乐趣的规律

在体育教学过程中，要想培养学生的体育兴趣，使学生形成运动爱好和专长，
首先要让学生不断地体验运动的乐趣，这也是学生掌握运动技能、增强健康的前
提条件，同时还是体育教学过程中教师自始至终要把握的客观规律。

体育本身充满了乐趣，它是一种运动文化，学生对体育乐趣的追求也是体育
学习动机的重要组成部分，重视体育中的乐趣因素可使体育教学成为活泼和充满
乐趣的过程，忽视体育中的乐趣因素也可使体育教学成为"身顺心违"的过程，
成为"磨难"的"畏途"。

体育教学中的乐趣体验过程是：①学生在自己原有的技能水平上充分地运动

---

① 毛振明.体育教学论（第2版）[M].北京：高等教育出版社，2011.

从而体验运动乐趣的阶段→②学生向新的技能水平挑战从而体验运动学习乐趣的阶段→③学生在运动技能习得以后进行技术和战术的创新从而体验探究和创新乐趣的阶段。①

五、体育教学过程的层次及特点

为了使人们对体育教学过程的概念有一个很好的理解，也为了让他们掌握体育教学过程的特点，对体育教学过程做进一步的分解认识是很有必要的，这就涉及体育教学过程的层次及其特点等方面。

具体来说，体育教学过程包括以下几个方面的层次。

（一）超学段（12～16年）体育教学过程及其特点

超学段的体育教学过程指的是从小学到大学的整个体育教学过程。在这一阶段的体育教学过程中，学生享受的是困家规定的体育教育，因此超学段体育教学过程具有以下一些特点。

1.国家规定性

超学段体育教学过程受多方面因素的直接影响，如国家教育意志、社会、政治、经济发展状况和生产力发展水平等。超学段体育教学过程是由国家安排的，时间可长可短，如9年或12年乃至16年。同时，超学段的体育教学过程还是由国家控制的，它体现的是国家教育课程设计思想和国家对体育教育的期待，其过程的目的和目标充分反映了国家的意志和要求，是一个宏观的、有系统性的学科教育过程。

2.多模式性

除了国家规定性，超学段体育教学过程还具有多模式性。所谓多模式性是指，这一体育教学过程是由若干个学段的体育教学过程组成的，同时各组成部分（每个学段的体育教学过程）又受各学段教育性质的影响而时间长短不一，这使得超学段体育教学过程并不一样。尤其是在中国国家大、地域广、民族差异明显的社会环境下，这就使得超学段体育教学过程在目标表述、教学内容、学时规定以及教学特点上均具有多模式性。

---

① 毛振明.体育教学论（第2版）[M].北京：高等教育出版社，2011.

3.非全体性

超学段体育教学过程包括三个阶段：基础教育、中等教育和高等教育。但是由于教育普及程度的问题，并不是所有学生都能享受到上述完整三个阶段的体育教学过程。所以它对于学生来说具有非全体性的特点。

（二）学段（3～6年）体育教学过程及其特点

按当前中国教育的学制，可以将学段体育教学过程分为小学、初中、高中、大学等；按目前《体育与健康课程标准》，可划分为水平一（相当于小学1～2年级）、水平二（相当于小学3～4年级）、水平三（相当于5～6年级）、水平四（相当于初中阶段）、水平五和水平六（相当于高中阶段）。

学段体育教学过程的特点如下。

1.发展阶段性

划分学段体育教学过程的主要依据是学生的身心发育规律，如初中生处于青春发育期，生长发育迅速，体形剧变，身体机能迅速健全，性发育趋于成熟；随着生理的逐步发育成长，初中生的心理也发生了较大变化，感知能力和观察能力明显提高，记忆力处于高峰期，具体形象思维向抽象逻辑思维过渡，想象能力有所提高，等等。因此，初中学段体育教学过程就是根据初中生上述生长发育的特点而制订的，这就是发展的阶段性。[①]

2.相互衔接性

相互衔接性指的是学段体育教学过程与超学段体育教学过程的关系。在一定程度上说，学段体育教学过程是超学段体育教学过程的进一步细化，它是把超学段的相对多样的、宏观性的国家体育课程目标、内容和要求进一步予以分解和细化，合理地分配于几个相互连续和相互衔接的学段中，并将它们有机地结合起来。学段体育教学过程主要由国家来规定原则，由各级学校具体设计。

（三）学年体育教学过程及其特点

学年体育教学过程是指根据学校的体育教学情况，针对学生的特点，把学段体育教学标准和方案的内容、任务、要求等具体地分配到学年中，使之相互衔接，

---

① 赵静，马莹，马玉龙.体育教学理论问题与实践应用［M］.长春：吉林大学出版社，2013.

并付诸实施的过程。它是一种中观的体育教学过程，此过程一般由各级各类学校的体育部门来掌控，主要表现为学校的"学年教学计划"。[①]

学年体育教学过程具有以下几个特点。

1.系统性

要完满完成学段体育教学的要求和目标，在学年体育教学过程中就应该考虑着重解决很多方面的问题，例如，学段的教学目标如何分解、教学内容如何排列、教学时数如何分配、学年与学年如何衔接等。因此，学年体育教学过程的系统性特别强，它不仅要注意学段中各学年体育教学过程的关系，还要注意学年内两个学期间体育教学过程的关系。

2.周期性

在制订学年体育教学过程的计划或者对工作进行安排时，要考虑体育教学内容的周期性。此外，还有其他一些需要考虑的问题，如在全年 32～36 周的体育教学过程中安排什么教材、安排在哪个学期、出现几次、教学内容之间的相互关系等。

3.承启性

学年体育教学过程是超学段体育教学过程、学段体育教学过程和学期体育教学过程的连接点，因此具有明显的承上启下性，具体表现在：它对上具有体现的作用，对下具有指导的作用，是宏观过程转向微观过程的中介环节；学年体育教学过程也是超学段、学段体育教学过程的具体化，因此，它实施得好坏对体育教学的质量会产生直接的影响。

（四）学期的体育教学过程及其特点

学期体育教学过程是学校根据教师、场地、教材的特点、气候等条件，把学年体育教学过程的内容、要求和任务分配到两个学期的各个教学周中去。此教学过程一般由各级各类学校体育教师和体育教研室来掌控，表现为体育教研组的"学期教学计划"。[②]

学期体育教学过程的主要特点如下。

[①] 赵静，马莹，马玉龙.体育教学理论问题与实践应用［M］.长春：吉林大学出版社，2013.

[②] 赵静，马莹，马玉龙.体育教学理论问题与实践应用［M］.长春：吉林大学出版社，2013.

1.季节性

在学期体育教学过程的设计中，季节变化以及当地的气候特点是设计的主要依据，在设计过程中，要根据季节变化和当地的气候特点，把学年教学过程中所选择的教材合理安排到学期中去，使体育教学符合季节的条件。例如，在夏季可以进行游泳、双杠、单杠等项目的教学，而在冬季则可进行中长跑、滑冰以及室内运动等项目的教学。

2.集散性

学年的体育教学内容确定后，就要根据学生素质与教材之间的关系、教材的难易程度以及气候的变化等，把体育教学内容分配到学期中的各周中去，这样就涉及教学内容的排列（集中与分散）问题。比如有的内容要集中起来予以安排，有的内容则可能要在两个学期中予以间歇性地安排。

（五）单元（1～36周）体育教学过程及其特点

单元体育教学过程就是指教师按照学期体育教学过程的方案，按教学内容的学理性，安排一些单元，进行课时分配并实施教学的过程。单元是体育教学过程的基本单位，是由若干课时组成的"教学板块"。单元体育教学过程在体育教学中具有最重要的意义，它表现为体育教师的"单元教学计划"。[①]

单元体育教学过程具有以下主要特点。

1.规模变化性

单元体育教学过程的规模不是固定和一成不变的，它有大有小，有长有短，而它的大小和长短实质上决定了教学的容量和质量。影响单元大小的因素主要有教学目标、教材难度、学生水平、场地设施、教师水平的差异等。一般情况下，技术性不太强，教材难度不大的单元可小一些，如游戏、走、跑等，低年级的单元也应该小一些，而高年级随着教材的复杂程度和难度的增大，单元教学过程则会大一些。

2.学理性

单元体育教学过程得学理性非常强，因此在进行设计时主要应根据学生的学习原理，对教学目标和任务的要求加以突出。针对同一教学目标，可以设计不同

---

① 赵静，马莹，马玉龙.体育教学理论问题与实践应用［M］.长春：吉林大学出版社，2013.

的教学单元结构，同是篮球项目的教学，可以设计先分解教学再到整体教学的单元结构，也可设计先整体教学再到分解教学，最后到整体教学的单元结构。相对而言，后者往往比前者在设计上更科学和先进，同时还能够避免我们经常能看到的"学生学了篮球的技术但不会打比赛"的现象，对比两种不同单元设计，更清晰地发现其问题所在。

（六）学时（45～90分钟）体育教学过程及其特点

学时（45～90分钟）体育教学过程是指教师根据单元体育教学过程对每节课的要求组织实施体育教学的过程，它也是我们通常意义上讲的体育教学过程。根据学段和学校情况不同，有的学时教学过程为45分钟，有的则为90分钟。学时体育教学过程实践性较强，它是超学段、学段、学年、学期和单元体育教学过程实现的主要环节。[①]

学时体育教学过程的主要有以下特点。

1.结构性

作为体育教学的主要实践环节，学时体育教学过程具有一定的结构性，这个结构需要遵循以下几个规律：课堂教学的规律、学生身体机能活动的规律和学生认知的规律。所以，在学时体育教学过程中，教师的教学要有一定的结构、层次和逻辑性，如课堂教学可按开始、基本、结束"三段式"展开，也可按导入、学习、活动、结束等结构展开。

2.行为性

与其他阶段的体育教学过程相比，学时体育教学过程最大的特点就是行为性。它主要表现为一种积极的教学实践，无论从学生还是从教师的角度来看，都是实实在在的行为过程，而不是表现为一种计划，它是在教学时间里发生的教学行为。

3.方法性

作为一种教学行为，学时体育教学过程对于教学方法的选择非常重视，这里的方法主要指的是教法、学法和课堂组织与管理的方法等，它们是完成学时体育教学过程目标和任务的关键因素，也是完成学时体育教学内容的核心。

---

① 赵静，马莹，马玉龙.体育教学理论问题与实践应用［M］.长春：吉林大学出版社，2013.

（七）技术学习点（10～30分钟）教学过程及其特点

技术学习点（10～30分钟）教学过程是指在学时体育教学过程中，课堂教学的关键和核心部分，也就是课堂教学中的重点和难点部分，时间长短不等，一般为10～30分钟。技术学习点教学过程的实践性非常强，它是学时教学过程中的重中之重。

它主要具有以下特点。

1.技能形成的基本单位

技术学习点教学过程是课堂教学的重点部分，往往课堂教学是围绕这个点展开的，所以在这个点上要突出注意学生技能的形成，在这个技术学习点时间内要突出学生学习的重点、难点和技术的关键，注意学生掌握技能的情况，使教学的其他目标和任务的实现建立在学生技能形成的过程之中，只有学生掌握了技能，才有可能实现其他领域的目标和任务。[①]

2.身体负荷性

技术学习点教学过程还具有一个突出的特点，那就是要利用学习的重点来增加学生练习的负荷，使学生在学习的高峰时期和注意力集中时期，增加他们的练习负荷量，提高他们的生理承受能力，以达到增强体质、增进健康的目的。

第二节　体育教学过程设计

一、体育教学过程设计的原则

（一）发挥教师的主导作用

在传统的体育教学过程中，体育教师作为体育教学信息的传递者，其主要任务是讲解，将知识传授给学生。随着现代科学技术在课堂教学中的应用，课堂教

---

① 赵静，马莹，马玉龙.体育教学理论问题与实践应用［M］.长春：吉林大学出版社，2013.

学改革的不断深入，教师的作用除了进行信息编码、讲解内容之外，最关键的是要在课堂教学中起主导作用。从单纯的知识讲解转变为引导学生掌握知识内容。事实上，体育教师的主导作用应体现为引导学生自行获取知识和培养能力，而不是灌输知识。[①]

（二）以学生为学习主体

在教学中，学生是教学信息的接受者，一切教学活动都应该围绕着他们来进行，他们是体育课堂教学活动的主体。因此，在体育教学过程中，应该注重发挥学生的主观能动性，让他们有更多的参与机会，同时还要注重体育教师与学生之间的沟通交流，活跃师生之间的双边活动，真正做到动脑、动口、动手，使他们不仅"学会"，更重要的是"会学"，从被动接受知识变为主动获取知识。

（三）媒体优化

在教学媒体的章节我们已经提到过，在选择教学媒体时，应该考虑各种媒体的优化组合。这和人体各部分器官是一样的，它们虽然分工明确，各司其职，但要想有效地发挥它们的功能，还需要通过优化组合这一程序。教学媒体系统功能的充分发挥也是通过多种媒体组合后形成的优化结构来实现的。各种体育教学媒体应"各施所长，互为补充，相辅相成"，形成优化的媒体组合系统。

（四）遵循学生认知规律

学生的认知规律和特点，主要由他们的年龄心理特征来决定。年龄较小的学生，知识、经验少，感知能力差，依赖性比较强，无意注意占主导地位，以具体形象思维为主。随着年龄的不断增大，知识、经验增加了，感知能力提高了，能通过一定的意志努力，集中注意力参与学习活动，其思维也由具体思维过渡到抽象思维，在设计体育教学过程中，必须遵循这些认知规律，只有符合学生特有的认知要求，才能获得满意的效果。[②]

---

① 佟晓东，刘铁.体育教学设计与实践［M］.沈阳：东北大学出版社，2009.

② 佟晓东，刘铁.体育教学设计与实践［M］.沈阳：东北大学出版社，2009.

（五）体现体育教学方法

体育教学方法是体育教师和学生为共同实现体育教学目标而采取的手段，因此，它不仅包括教师的行为，还包括学生的行为，这二者是相辅相成的。具体来说，应该结合体育学科特点和学习内容、教学目标、学生的特点及选用媒体的特点选择相应体育教学方法。

二、体育教学设计方案的编制

在这里，我们综合前面所讲解的内容，以图表的形式来说明体育教学设计方案的编制。

A.教学目标一览表

知识点	教学目标	学习水平				
		识记	理解	应用		
1						
2						
3						

B.起点能力

C.学习内容分解表

知识点	重点	难点	
1			
2			
3			

D.教学形式和教学方法

E.教学媒体选用表

知识点	学习水平	媒体类型	媒体内容要点	作用
1				
2				
3				

F.教学过程

（1）流程图；

（2）教学过程叙述。

G.形成性评价[①]

知识点	学习水平	项目内容
1		
2		
3		

三、怎样写好体育教学案例

（一）案例的结构要素

1.背景

所谓背景指的就是故事发生的时间、地点、人物以及起因等相关情况，这是案例需要向案例需要向读者交代故事发生的有关情况：时间、地点、人物、事情的起因等。比如，介绍一堂课，就有必要对这堂课是在什么背景情况下上的，是重点学校还是普通学校，是有经验的优秀教师还是年轻的新教师，是经过准备的"公开课"还是平时的"家常课"等情况进行介绍。同时还应注意，背景介绍并不需要面面俱到，重要的是说明故事的发生是否有什么特别的原因或条件。

2.主题

每个案例都有自己鲜明的主题，也就是这个案例要说明的某个问题，是反映对某个新理念的认识、理解和实践，还是说明教师角色如何转变，教的方式、学的方式怎样变化，或是介绍对新教材重点、难点的把握和处理等。例如，这个案例想说明怎样转变"差生"，还是强调怎样启发思维，或者是介绍如何组织小组讨论等，这些问题在动笔前都应该有一个比较明确的想法。又如学校开展研究性学习活动，不同的研究课题、研究小组、研究阶段，会面临不同的问题、情境、经历，都有自己的独特性。写作时应该从最有收获、最有启发的角度切入，选择并确立主题。[②]

3.情节

将案例的主题确定了之后，接下来要做的事情就是对原始材料进行筛选，切

---

① 杜俊娟.体育教学设计［M］.北京：北京体育大学出版社，2007.

② 佟晓东，刘铁.体育教学设计与实践［M］.沈阳：东北大学出版社，2009.

忌有闻必录，而是有针对性地选择最能反映主题的特定的内容，把关键性的细节写清楚。比如，介绍教师如何指导学生掌握学习方法，就要把学生怎么从"不会"到"会学"的转折过程，特别是关键性的细节写清楚。要特别注意提示人物的心理。因为人物的行为是故事的表面现象，人物的心理则是故事发展的内在依据。面对同一个情景，不同的教师可能有不同的处理方式。[①]比如，为什么会产生各种不同的做法？这些教学行为的内在逻辑是什么？执教者的想法是怎样的？揭示这些，能让读者既知其然又知其所以然。不能把"方法"介绍了一番，说到"掌握"就一笔带过了。

4.结果

通常情况下，教案和教学设计只有设想的措施而没有实施的结果，教学实录一般也只记录教学的过程而不介绍教学的效果；但是案例却不同，它不仅要说明教学的思路、描述教学的过程，同时还要对这种教学措施的即时效果（包括学生的反应和教师的感受等）给予交代。此外，还有学生或教师及相关人员的事后调查、访谈、表现评估、资料分析等。这样一来，读者对案例的效果有了一个清晰的了解，能够在很大程度上加深他们对整个过程的内涵的了解。

5.评析（反思）

作者对于案例所反映的主题和内容，包括教育教学的指导思想、过程、结果，以及利弊得失等要进行一定的分析，并有一定的看法。这就是评析。评析是在记叙基础上的议论，可以进一步揭示事件的意义和价值。评析的方式不一而足，一方面可以是自评，就事论事，有感而发；另一方面还可以请专家进行点评和深化。比如，针对同一个"差生"转化的事例，我们可以从教育学、心理学、社会学等不同的理论角度切入，揭示成功的原因和科学的规律。

（二）写好案例的关键

任何文章的写作都要讲究方法，也就是说有了完整的故事结构，并不等于有了好的案例。

要想写好教育案例，需要注意以下三个关键问题。

---

① 佟晓东，刘铁.体育教学设计与实践［M］.沈阳：东北大学出版社，2009.

1.选择复杂的情境

复杂的情境，指的是故事的发生、发展具有多种可能性。这是因为，在体育教学过程中，教师面临的问题情境是多种多样的，这个时候就需要教师进行判断。复杂的情景恰恰能够给他们提供更多选择、思考和想象的余地，因而给教学以更多的启迪。在学校教育教学中，也有许多典型事例和两难问题，应该怎样处理，案例可以从不同角度反映教师的行为、态度和思想感情，提出解决的思路和例证。

这里所谓的复杂，也是相对而言的。你认为复杂，他认为不复杂；以前觉得复杂，现在觉得不复杂。因此教育情境的选择，是因人、因时、因地而异的。选择什么样的情境和材料，要有针对性。一是要符合当前教改实践的需要，提出人们所关心的、想了解的事情和问题；二是考虑案例交流的范围，是公开发表，还是校内交流，或者仅供个人参考。[①]总之，撰写案例不能只顾讲述一个生动的故事，还要注意为什么讲、向谁讲这个故事。

2.揭示人物的心理

在案例中，人物的行为只是故事的表面现象，人物的心理才是故事发展的内在依据。在面对同一情境时，不同的教师可能会采取不同的处理方式。为什么会有各种不同的做法，这些教育行为的内在逻辑是什么，执教者是怎么想的？这些都要求案例的深入性，它要能够深入人的内心世界，不仅让读者知其然，还要让读者"知其所以然"。这也是案例不同于教案和教学实录的地方，好的案例应该能够发挥这个特点和优势。

此外，人物心理的另一个重要方面是学生的心理活动。鉴于案例一般是由教师撰写的，因此他们很容易将注意力偏重于教师这一方，比如，教师自己怎么想的，怎么教的，效果如何，可以娓娓道来，自我感觉良好；但是往往忽略了学生的心理，比如，学生是怎么想的，对教学效果的看法是否与教师一致等。人们常说"备课要备两头"：备教材，备学生。因此，真实地反映学生在教育过程中的想法、感受，是写好案例的重要一环。

3.具有独到的思考

众所周知，同一件事往往能够引发不同的思考。从一定意义上来说，思考水平的高低决定了案例的质量。因为，选择复杂情境也好，揭示人物心理也好，把

---

① 党永生.教研论文撰写导航 我的教研苦旅［M］.兰州：甘肃教育出版社，2015.

握各种结构要素也好，都是从一定的观察角度出发，在一定的思想观点引导下进行的。要想达到从纷繁复杂的教育现象中发现问题、提出问题、解决问题，道出人所欲知而不能言者这样的境界，需要具有一双"慧眼"。具备这样的功力没有什么秘诀和捷径，只有通过长期的磨炼去领悟和掌握。

案例能够直接地、形象地反映教育教学的具体过程，因而有很强的可读性和操作性，也非常适合于有丰富实践经验的第一线教师来写作。要写好案例，首先要有实践的基础和经验的积累，其次要有一定的写作技能，最后还要加强理论学习，并在实践探索的过程中形成自己的理解和感悟。一篇好的案例，可以胜过许多泛泛而谈。说到底，好文章不是"写"出来，而是"做"出来的[①]。

（三）教学案例的写作基本格式

确立主题—教学背景—教学过程—情景描述—问题讨论—分析与研究。

（四）案例的写作程序

在体育教学中，除了意外式的案例研究之外，主题式、综合式的案例研究一般都要经历以下四个阶段。

1.案例的策划阶段（准备阶段）

案例的策划阶段主要做以下工作：发现问题，选择、分析问题，确定问题的价值度，制定解决问题的方案等。通俗地说，就是指定研究方向以及研究方法。

2.案例的展开阶段（实施阶段）

案例的展开阶段也称为实施阶段，主要工作是尝试解决问题。在这一阶段，根据设计的方案组织实施解决问题的过程，可随时调整方案的某些环节或删改方案的内容，以求解决问题的效果达到最佳。

3.案例的总结阶段（提炼反思阶段）

在这一阶段，就进入了对自己解决问题的过程进行反思的阶段。问题的解决是一个实践的过程，因此要将其进行总结，如此才能使其深化，并升华到理论的高度加以认识，最终达到质的飞跃，以便给今后的教学实践提供一定的理论指导。

---

① 党永生.教研论文撰写导航 我的教研苦旅［M］.兰州：甘肃教育出版社，2015.

4.案例的撰写阶段（定型阶段）

在前面几个阶段完成并且对案例材料做多角度研究分析的基础上，最后要做的便是按一定的结构进行表述形成教学案例。在撰写案例阶段要做到：目标明确，描述真实具体，情节合情合理，材料选取适当，案例构思巧妙，文字表达生动。

以上这四个环节中，前两个是自我实践的环节，后两个是实践后的认识，体现了由感性到理性的认识过程，不仅有利于提高教学的艺术，而且有利于增强教学研究的能力。

第十章 体育教学计划的设计

第一节 学段体育教学计划设计

一、学段体育教学计划的制订

学段体育教学计划是指以小学、初中、高中阶段或水平标准为单位，根据超学段体育教学计划，参考所选用的体育教科书，结合学校的自身发展的实际情况，把选定的体育教学内容根据教学时数合理地分配到各个学段的年级中，并制定与之相配合的教学方案。学段教学计划一般由各个学校具体制订。

（一）学段体育教学计划设计的特点

1.不同的单位划分特点

现在学段体育教学计划主要是按年级分（如高中和大学）和按"水平"划分。例如，现在的九年义务教育（"水平一"相当于小学一、二年级，"水平二"相当于小学三、四年级等）。

2.身心发育规律为主的特点

因为学段本身就是按身心发展阶段来划分的，因此学段的体育教学计划要更多地依据学生的身心发展特点来制订。

3.关注学段衔接性特点

学段体育教学计划设计必须服从整个体育教学的目标，因此学段体育教学设计计划要注意上下衔接。[①]

---

① 范海荣，任继祖.学校体育学［M］.上海：复旦大学出版社，2009.

（二）设计学段教学计划的基本要求

1.学段教学内容要具有系统性、层次性

学段体育教学的设计应包含 5 个学段的教学计划即小学 1～2 年级、3～4 年级、5～6 年级、初中 7～9 年级和高中 10～12 年级。每个学段包括 2～3 个学年。换句话说就是针对学生在每个学段（2～3 个学年）里应该学习哪些内容、掌握哪些体育技能与体育知识、对学生的生理和心理有哪些影响，应该设计一个完整的、系统的课程方案。学段体育教学计划制订要根据各阶段目标的内容标准来进行分解与安排 2～3 学年的学习目标和内容标准。它必须具有层次性，在内容标准上要由浅入深呈递进状态。

2.以教学内容的难易程度来确定单元教学的课时数

难度系数大的教学内容，可以相应的多安排些课时，比较容易学习的动作技能就可以相应的减少一些课时。要根据课程的实际情况与自己的教学经验科学灵活的安排教学时数。充分利用和开发学校现有的场地、器材，有效地促进学生进行体育学习。

3.根据学段体育教学计划安排年度（年级）体育教学内容

在制订年度教学内容的时候需要考虑学生的年龄、兴趣爱好、参与体育活动的能力和差异，其对达成教学目标起着决定作用。根据年度教学计划设计进行学期、单元和课时教学计划设计，这样教师教学就有法可依、有章可循。

根据上述的要求，还需要注意以下几个问题。

各领域目标实现的整体性：

《体育与健康课程标准》将学生的学习分为 5 个领域，每个学习领域在各自的领域目标下又有相应的水平目标，每个水平目标下又细分出了许多教学内容和教学活动的建议，形成了一个层次分明的系统。在实施学段体育教学计划时，要根据本校和学生的实际情况，依据领域目标和年级教学目标的要求，对每个领域的内容进行细化，并分配到各个学期中去，以便从总体上把握学习内容和要求，全面实现 5 个学习领域的学习目标。激励学生在学习体育的过程中产生学习的兴趣，能够积极主动的参与到体育教学活动中，并养成终身体育的意识。

内容标准和教学内容的连续性：

各学段（水平）的体育教学计划，要根据学生的身心发展规律，科学灵活地

安排不同学段（水平）学生的学习目标和学习内容，在分配学习内容时，不能失了连贯性，要使不同水平（学段）的学习任务之间有连贯性，避免造成教学计划更迭（有的学得多有的学得少），影响水平目标的实现。

熟悉内容标准与目标之间的关系：

《体育与健康课程标准》中的目标体系和内容标准对制订水平（学段）教学计划具有重要指导意义，"内容标准"在各领域水平目标之间具有 4 种不同的关系：第一，在同一学习领域内具有一定的层次性，即具有递进的意义。第二，在同一学习领域内具有并行的意义。例如，在身体健康领域里发展柔韧性和发展灵敏性的目标是平行的，在运动技能学习领域里，各个运动项目之间的关系也是并行的。第三，学习领域之间具有一定的相关性。例如，在实现运动参与领域某个目标时，可能也相对实现了某些心理健康和社会适应方面的目标；在达成运动技能领域的某个目标时，同时又实现了某个身体健康领域的目标。第四，阶段性，即在上一个水平学段出现的目标在本学段未曾出现，并不等于本学段中就不需要实现这个目标和学习某些内容，如身体健康中的体能练习就是如此。

在制订水平（学段）教学计划时，对于具有递进意义的内容标准，不能颠倒出现的顺序；对于并行的内容标准，安排时可以灵活掌握；对于跨领域密切相关的内容标准应该出现于相同时段内；对于阶段性的内容标准，要考虑学校与学生的现阶段情况。

遵循选择教学内容的基本要求：

根据各个学习领域的领域目标和水平目标，以及体育与健康课程的基本理念，教学内容的选择需要考虑以下几个因素：一是符合学生身心发展水平；二是可以有效地激发学生的学习兴趣；三是有健身性、知识性和科学性；四是时效性要强，即能增强体能、增进健康；五是操作方便。

根据学生的身心发育特点，为了提高学生的学习兴趣，可以对某种竞技运动项目进行"教材化"改造，如简化规则、降低难度等。同时，也可以根据实际情况，在课堂教学中引入一些学生喜爱的时尚运动项目，如轮滑、滑板、独轮车、抖空竹和攀岩等。在少数民族地区或其他有条件的地区，还应挑选、整理一些民族、民间体育活动项目将其引入课程教学，以增加学生对民族传统文化的了解程度和自豪感。

按"实践性、灵活性、综合性"的原则安排教学内容的教学时数：

《体育与健康课程标准》不但没有规定教学内容，而且也没有规定各教学内容（运动项目）的教学时数。这样，一方面充分给予教师选择教学内容和确定教学时数的自由，但同时也大大增加了难度。因为要达成某一个学习目标，选择什么教学内容，多少教学时间可以达到目标，教师必须要查阅相关的材料，咨询一些有经验的老教师，在结合自己的班级情况，这样就大大加大了教师制订教学计划的时间。在制订教学计划时，可以参照以下教学原则。

实践性。体育与健康课程是以增进学生身心健康为主要目的的实践性课程，要保证开展体育活动的时间充裕。只有让学生经常地参与体育活动，才能发展锻炼他们的身体，提高他们的心理健康水平和社会适应能方。不要用过多的时间，在课堂上给学生讲授体育与健康知识。

灵活性。应根据教材内容的性质、作用、难易程度来安排教学内容的时数，也可以根据学生达成学习目标的现状，对教学内容的时数和进度做适当的调整，对较快能达成学习目标的教学内容，可适当减少教学时数；反之可适当增加一些教学时数。

综合性。每一堂课的教学的指向目标应该多样性。教学中不仅要重视学生运动技能和知识的掌握，同时需要关注学生的心理发展和社会适应能力等方面，教师要创设一些专门的情景，以保证心理健康和社会适应能力的实现。

对内容标准进行统筹安排：

认真研究和理解各水平目标之间的关系和选择教学内容，应对水平目标和教学内容进行统筹安排，并将它们分解到各学年的教学计划中去。

（三）学段体育教学计划制订的方法与步骤

1.学段体育教学计划制订的步骤

学段（水平）体育教学计划，是根据体育课程标准的要求，结合学校与学生的现状，将课程标准中各个领域水平目标下的学习内容和教师根据为达到目标需要所选择的学习内容，合理地分配到各个学期中去，并预估完成学习内容的时间和确定考核与标准，它是制订学期教学工作计划的依据。①

（1）认真学习和钻研课程标准，明确各项内容的性质和教学目标，分析这些

---

① 舒盛芳，高学民.体育教学设计［M］.上海：复旦大学出版社，201

内容与年级目标设置的关系，确定测定目标、难易等，考核项目和标准。

（2）根据年级目标及学生实际情况，恰当地提出和确定各学年的教学要求。

（3）计算学段教学总时间，按照教学行政部门有关规定和本校的实际情况，每周 3 课时，通常每学期不能少于 16 周的教学时数，则全年为 32 周，96 课时，3 年累计 288 课时。还要适当留出 2 ～ 3 周作为机动时间（包括考试和学校活动）。

（4）选择学习内容，预计教学时数比例。

①根据所选择教学内容的性质、作用、难易程度来分配课时数，锻炼价值大、技术环节、考核项目、学生喜欢的课时多安排一些。

②对于那些较难达成教学目标的媒介或载体的内容的课时多安排一些，对于容易达到目标或随其他教学活动中能共同达到目标的可以相应的减少课时数。

（5）将各学习领域内容及各学校教师自行选择的内容，合理分配到各个学期中去。

①两个学期学习内容要有恰当的比例，分配时不能随意取舍，以保证各学习领域目标的达到。

②充分考虑学习内容之间联系，保证学习内容之间的连贯性与系统性。

③要根据季节气候的特点安排学习内容，使教学设计更加趋于合理。大部分体育活动都是在室外举行的，因此自然条件对体育活动影响比较大。例如，耐力跑、跳绳等宜分配在秋冬季，技巧、单双杠等可安排在夏秋季，篮球运动不宜安排在夏季，排球运动则不宜安排在冬季等。

（6）考虑学校场地器材实际条件，充分挖掘学校课程资源，保证选择内容的落实。

2.学段（水平）体育教学计划制订的方法

学段（水平）体育教学计划制订通常有 3 种方法，即目标分解法、单元组合法和力解组合结合怯。

（1）目标分解法

制订学段（水平）教学计划时，将体育课程标准中的水平目标分为几个集合群，依据由简到繁、由易到难的原则，列出一组目标集合与另一组目标集合之间的排列关系，在教学中选择一些最适合实现某一个目标集合群的学习内容来进行教学。此方法能使人清晰地了解年级的目标与基本教学内容（见表10-1）。

表 10–1　七～九年级教学目标与教学内容

阶段	目标（水平四）	基本体操单元	学时
七年级上学期	做操认真，动作准确、规范	中学生系列广播体操"舞动青春"	4
七年级下学期	做操认真，动作准确、规范	秧歌舞	4
八年级上学期	学习态度端正，动作大方、优美	中学生系列广播体操"放飞理想"	4
八年级下学期	学习态度端正，动作大方、优美	单人定位徒手操	3
九年级上学期	理解体育锻炼对身体形态的影响	双人徒手操	3
九年级下学期	理解体育锻炼对身体形态的影响	行进间徒手操	3

（2）单元组合法

根据地域特点与学校的现阶段实际情况，对能够实现各学段（水平）目标的学习内容进行选择，对所选内容项目进行更加细致的排列，以单元的形式来呈现。通过这些教学单元的教学，全面实现水平目标。对于 4 种主要的教材类别，即精学教材、粗学教材、介绍性教材和锻炼性教材，要分别采用超大单元、大单元、小单元和超小单元的规模，分别安排 10～20 课时、3～9 课时、1～2 课时和 10 分钟／课时的学习。此单元组合法的优点是能使人清晰地了解每个年级各单元的基本教学内容。例如，在七、八、九年级每个学期都安排有跳绳，就可以先把跳绳教材划分为如下 6 个单元，分别安排在每个学期之中。

1）跳绳单元教学（七年级上学期）：10 学时（见表 10-2）。

2）跳绳单元教学（七年级下学期）：10 学时（见表 10-3）。

3）跳绳单元教学（八年级上学期）：10 学时（见表 10-4）。

4）跳绳单元教学（八年级下学期）：10 学时（见表 10-5）。

5）跳绳单元教学（九年级上学期）：10 学时（见表 10-6）。

6）跳绳单元教学（九年级下学期）：10 学时（见表 10-7）。

表 10-2　七年级上学期跳绳单元教学

教学内容	课次				
	1（2学时）	2（2学时）	3（2学时）	4（2学时）	5（2学时）
绳技	跳短绳：单飞跳：原地跳（3个基本花样）、跑跳	跳长绳：单人连续跳双人连续跳鱼贯式转圈跳	跳双长绳：连续跳：2～4人向内摇绳跳	跳交叉绳："十"字交叉连续跳	跳组合绳：绳连绳
重点	原地跳	鱼贯跳	跳入时机	摇绳技巧	跳入时机

表 10-3　七年级下学期跳绳单元教学

学习内容	课次				
	1（2学时）	2（2学时）	3（2学时）	4（2学时）	5（2学时）
绳技	跳短绳： （1）单飞—原地—前摇双脚—直飞跳左右开弓、前摇变后摇、后摇变前摇、侧摇跳绳、换绳跳、全蹲跳、开合跳 （2）单飞—原地—前摇—换脚—直飞跳、前踢腿跳、后踢腿跳、高抬腿跳、正"十"字跳、吸腿跳	跳长绳：花样跳长绳—接龙跳、穿越长绳跳、火车头跳、跨步跳	跳双长绳：连续跳—二人向内摇绳跳	跳交叉绳：十字交叉—鱼贯跳	跳组合绳：绳交绳—二绳相交
重点	前摇变后摇、后摇变前摇	接龙跳	跳入时机	跳入时机	摇绳技巧

表 10-4　八年级上学期跳绳单元教学

学习内容	课次				
	1（2学时）	2（2学时）	3（2学时）	4（2学时）	5（2学时）
绳技	短跳绳：双人跳单绳	跳长绳：鱼贯式"8"字跳鱼贯式穿梭跳	跳双长绳：连续跳：2～4人向外摇绳跳	跳交叉绳："十"字交叉—内加短绳跳	跳组合绳：绳交绳—三绳相交、四绳相交
重点	双人跳单绳	鱼贯式穿梭跳	向外摇绳跳	"十"字交叉—内加短绳跳	三绳相交跳组合绳

表 10-5　八年级下学期跳绳单元教学

学习内容	课次				
	1（2学时）	2（2学时）	3（2学时）	4（2学时）	5（2学时）
绳技	短跳绳：双人跳双绳	跳长绳：长绳内跳短绳—原地跳、跑入跳"S"形跳长绳	跳双长绳：双长绳内跳短绳（平行跳、垂直跳）	跳交叉绳："水"字交叉跳	跳组合绳：绳交绳—链绳
重点	双人跳双绳	长绳内跳短绳"S"形跳长绳	双长绳内跳短绳	"水"字交叉跳长绳	链绳

表 10-6　九年级上学期跳绳单元教学

学习内容	课次				
	1（2学时）	2（2学时）	3（2学时）	4（2学时）	5（2学时）
绳技	短跳绳：双飞—前摇跳	跳长绳：集体连续跳	跳双长绳：鱼贯跳—反入正出式（转圈跳、"8"跳）反入反出（转圈跳、"8"跳）	跳交叉绳："米"字交叉跳	跳组合绳：绳叠绳—二绳重叠跳
重点	双飞	集体连续跳长绳	反入正出式跳双长绳	"米"字交叉跳	二绳重叠跳

表 10-7　九年级下学期跳绳单元教学

学习内容	课次				
	1（2学时）	2（2学时）	3（2学时）	4（2学时）	5（2学时）
绳技	跳短绳：双飞—后摇跳	跳长绳：三人轮流摇跳	跳双长绳：鱼贯跳—穿梭条、三人轮流摇跳	跳交叉绳：网绳跳	跳组合绳：绳叠绳—三绳重叠跳
重点	后摇跳双飞	三人轮流摇跳	三人轮流摇跳双长绳	网绳跳	三绳重叠跳

（3）分解组合结合法

首先进行目标的分解，形成几个以目标集合群为特征的时间单元，然后再在各时间单元中选择最适合实现这个目标集合群的项目、内容，组成以项目为主要特征的内容单元进行教学。分解组合结合法的优点是能使人清晰地了解每个年级每个学期每个时间单元的基本教学内容。如七年级上期每月主要教学内容（见表

10-8）。

表 10-8　七年级上期每月主要教学内容

时间	学习内容
9 月	理论知识
10 月	篮球
11 月	跳绳
12 月	长跑

通常在制订出一个水平学段的教学计划目标之后，这个阶段的教学内容也应该制定出来。表 10-9 是某一所学校根据学校的现有教学条件，为水平三教学计划目标而统筹选择的教学内容列表。领域目标为每一体育活动的教学都要考虑 5 个领域目标的实现，但在实践中也可以有所侧重。

表 10-9　水平三体育教学计划

教学内容	具体教材选择
小篮球	篮球各种技术技能、篮球拓展性游戏（如截获空中球）
小足球	呼号接球、小小守门员等游戏；各种传接球技术、小型教学比赛
羽毛球（或乒乓球）	羽毛球（或乒乓球）基本技术、变更规则的羽毛球比赛
技巧	各种滚动、团身前后滚翻、倒立及技巧组合动作
支撑跳跃	跳背、小山羊、跳过横放的跳箱
单杠	混合悬垂、挂膝摆动、高单杠移行
轻器械操（圈、绳）	棍棒操、绳操、哑铃操等
韵律活动	基本动作与韵律组合
武术	武术基本功、少年拳
奔跑类游戏	快找同伴、冲过火力网、绿化祖国、钻城门等
平衡类游戏	托物平衡、顶物平衡、发展平衡能力的各种游戏
障碍跑游戏	绕杆、绕"8"字、综合障碍
合作、组合类游戏	合作跑、合作负重练习
跳跃类游戏	单脚跳追捉、跳皮筋、跳房子

二、学段体育教学计划的案例

达成目标是体育教学计划一个重要特点，这样教师可以根据学校办学条件、学生的学习现状灵活地选择教学内容，创造性地组合和优化教学内容。在把握住这一重要特点之后，教师制订的教学计划会更加有创造性、个性化，并有效地达成学习目标。[①]

　　作为教师，在对学段体育教学目标和教学内容统筹安排后，应该将它们分解到各学段教学计划中去。这种分解目标和内容的方法可以根据教师对课程标准的理解及学校实际情况来自行设计，并不强求统一的模式，但必须充分体现目标统领内容的基本思想（见表 10-10）。

表 10-10　2006–2007 学年体育课程水平教学计划

阶段	目标（水平四）	单元	学时
七年级上学期	积极参与体育活动；了解所学运动项目简单技术战术知识；发展有氧耐力和灵敏性；了解心理健康对身体健康的作用；理解不同运动角色的任务	理论	3
		广播操	5
		体操：技巧	5
		耐久跑	5
		篮球	10
		校本课程：跳绳	20
七年级下学期	积极参与体育活动；了解所学运动项目简单技术战术知识；发展有氧耐力和灵敏性；了解心理健康对身体健康的作用；理解不同运动角色的任务	理论	3
		基本体操与技巧	5
		健美操与舞蹈	5
		田径：短跑、跳跃、投掷	5
		篮球	10
		校本课程：跳绳	20
八年级上学期	合理安排锻炼时间；发展运动技战术能力，了解所学运动项目的竞赛规则；发展有氧耐力和灵敏性，理解体育锻炼对身体形态和功能的影响；通过体育活动树立自尊和自信；识别体育中的道德行为	理论	3
		广播操	5
		体操：支撑跳跃	5
		耐久跑	5
		乒乓球	10
		校本课程：跳绳	20
八年级下学期	合理安排锻炼时间；发展运动技战术能力，了解所学运动项目的竞赛规则；发展有氧耐力和灵敏性，理解体育锻炼对身体形态和功能的影响；通过体育活动树立自尊和自信；识别体育中的道德行为	理论	3
		基本体操与技巧	5
		健美操与舞蹈	5
		田径：短跑、跳跃、投掷	5
		乒乓球	10
		校本课程：跳绳	20
九年级上学期	掌握测量运动负荷的常用方法；发展运动技战术能力，注意运动安全；发展有氧耐力和灵敏性，初步学会选择有利于健康的营养食品；学会其他调节情绪的方法；简要评论媒体的体育与健康信息	理论	3
		队列与轻器械操	5
		体操：支撑跳跃	5
		耐久跑	5
		排球	10
		校本课程：跳绳	20

① 舒盛芳，高学民 . 体育教学设计［M］. 上海：复旦大学出版社，2013.

（续表）

阶段	目标（水平四）	单元	学时
九年级下学期	掌握测量运动负荷的常用方法；发展运动技战术能力，注意运动安全；发展有氧耐力和灵敏性，初步学会选择有利于健康的营养食品；学会其他调节情绪的方法；简要评论媒体的体育与健康信息	理论	3
		队列与轻器械操	5
		体操：支撑跳跃	5
		耐久跑	5
		排球	10
		校本课程：跳绳	20

第二节　学年体育教学计划设计

一、学年体育教学计划的制订

学年体育教学计划是以年级为单位，根据学段体育教学计划和某个年级学生的身心特点和发展需要以及两个学期的气候环境，将学段规定的年度教学内容分配到两个学期中并确定每学期的考核项目与标准的教学文件。学年体育教学计划使全年的教学工作有了明确的方向，能实现对教学工作的科学管理，避免在某一阶段内容偏多或偏少的现象。学年教学计划一般由各学校的体育部门来制订。

（一）制订学年体育教学计划的要求

1.认真学习体育教学指导文件

制订学年教学计划时必须认真钻研体育教学指导文件和教材，重点掌握所教年级教材的目标、作用、重点和难点。认真分析各项教材之间的纵横关系以及和邻近年级教材之间的联系。只有这样，制订出的教学计划才会科学可行。

2.从实际出发

根据学生的情况，包括学生的年龄、思想品德、健康状况、兴趣爱好、体育基础等实际情况和学校的场地器材、师资力量等教学条件，制订学年体育教学计划，也可以对规定的本年级教材内容进行某些必要的调整与完善。

3.科学安排

科学安排教材就是要考虑全面性、针对性、系统性以及学生的可接受性。安排教材时要注意搭配好不同的教材，防止同类教材过于集中于某一学期，同时考虑适当照顾学校的传统体育项目和地域条件，系统、科学地安排教材。

（二）制订学年体育教学计划的步骤和方法

1.确定学年体育教学目标

根据学段体育教学目标，授课年级教材和学生的特点，结合学校的实际情况确定学年体育教学目标。

2.确定学年及每个学期的教材内容和教学总时数

教学内容的确定（包括基本教材和选用教材）要以国家和地方指导文件为依据，结合本校的实际情况（包括学生情况、教师情况、场地器材、体育传统项目、气候条件等）来选定。教材内容选定后，根据学校教学计划（按校历的周数）确定全年和学期的教课时数及每学期的考核项目及标准。考核项目一般一学期以3～4项为宜。

例如，学校教学计划全年的教课时间为34周，体育课每周3课时，根据有关规定，需要预留2周作为机动课时，这样，全年的教课时数就为32×3=96课时，每学期的教课时间为16周，教课时数为48课时。

3.确定各单项教材的教课时数

根据全年的教课时数和该年级各项教材的时数比例，计算出各项教材的时数。计算公式为：

某项教材的时数=全年教课时数×该项教材的时数比例。例如，初中二年级武术教材的时数就是：96×10%≈10课时。

计划制订后必须进行细致全面的检查，发现不合理的地方要及时改善，使每学期教材的分量与教课时数相吻合，并符合制订学年教学计划的要求。[①]

二、学年体育教学计划编制案例

案例：按学习领域编制水平四的学年教学计划（见表10-11）。

初中1～3年级全年体育教学计划编制（示例）。

设计思路：

---

① 范海荣，任继祖.学校体育学［M］.上海：复旦大学出版社，2009.

　　本案例完全是按照《体育与健康课程标准》领域目标设计实施的。体现了体育教育领域目标的多元化，也体现了用多种不同形式的教学内容、不同形式的教学手段来实现不同目标的客观性。[①]

表 10-11　初中 1 ～ 3 年级体育教学计划编制（示例）

领域	教学内容			安排方式					
				初中一年级		初中二年级		初中三年级	
				1	2	1	2	1	2
运动参与	自觉参加体育与健康的学习			随体育课的学习进行检查					
	积极参与课外的各种体育活动			随体育课外活动进行检查					
	知道合理安排锻炼时间的意义和方法			在体育时间课中进行讲解					
	能用脉搏测定等常用方法测量运动负荷			在体育实践中学会测定负荷的方法					
运动技能	球类	足球	根据学校的条件每学期（或学年）任选一种	8～10	8～10	8～10	8～10	8～10	6～8
		篮球							
		排球							
		手球							
		乒乓球							
		羽毛球							
	体操	单杠		6～8		6～8		6～8	
		技巧							
		双杠		6～8		6～8		6～8	
		支撑							
		跳跃							
	武术			6～8		6～8		6～8	
	健美操和舞蹈				6～8		6～8	4～6	
	田径	跑		8～10	8～10	8～10	8～10	8～10	6～8
		跳跃							
		投掷							
	安全进行体育活动			随各项实践课教学安排					
	获取野外活动的基本技能			由学校统一进行安排					
身体健康	发展位移速度				2～4		2～4		1～2
	发展有氧耐力			2～4		2～4		1～2	
	发展反应速度和灵敏			综合跑、球类教学进行安排					
	发展力量							1～2	1～2
	发展柔韧			结合体操、武术教学安排					
	了解活动中注意问题			随各项实践课教学安排					

①　毛振明，于素梅.体育教学计划编制技巧与案例［M］.北京：北京师范大学出版社，2009.

（续表）

领域	教学内容		安排方式					
			初中一年级		初中二年级		初中三年级	
			1	2	1	2	1	2
社会适应	调节情绪	肌肉放松法	随各项实践课教学安排					
		自我暗示法	随各项放松活动安排					
		呼吸调节法	随有关的放松活动安排					
	通过体育活动树立自尊和自信		在体育活动中应使学生获得成功感和自信心					
	在体育比赛时能与同伴合理分配角色		在各项体育活动中进行安排					
	指出体育活动中不道德行为		在各项体育活动中进行安排					
	简单评价媒体的体育与健康信息		结合重大比赛进行安排					
各领域基础知识与内容	各校根据情况自选		3～4	3～4	3～4	3～4	3～4	2～3
机动			4	4	4	4	4	4
合计			48	48	48	48	48	48

第三节　单项体育教学计划设计

一、单元教学计划的概念

（一）单元教学及单元教学计划的理解

随着体育课程改革的不断推进，体育单元教学也成了大家讨论的话题，但由于观点和角度的不同，对于单元教学的界定同样会产生差异。比如，有的学者认为单元教学是与教材和教学内容密切相关的，"单元成立的基础是教材化。一个教材可以这样化，也可以那样化，化好了就是一个功能强、效果好的单元，化不好功能效果就差""单元体育教学计划也称单项体育教学计划，是把某个教学内容按照某种教学模式体例安排课次的教学文件"。顾渊彦教授则认为"单元是课的上

173

位概念，它是以课为基础的完整的教学基本单位，只用单一的运动项目作为构建一个教学单元的依据是远远不够的，单元教学要考虑形式结构与实质结构的协调，在形式结构方面，抓住教学内容，在实质结构方面，抓住课题解决，即强调复合单元"。管水法认为："单元教学是以一个教学单元（是指教学的段落，通常把水平目标引领的教学内容分为大小不同的若干单元，即把性质相同的或有内在联系的教学内容组成一个相对独立的主题教学内容，并对这个主题教学内容做教学时数上的相对规定）作为一个相对独立的教学单元，教学中必须从单元这个整体出发，统筹安排制定教学方案。即在一个相对规定的课时内，对某个主题教学内容进行系统的学习过程。它是由主题教学内容为基础设计的单元教学目标，为达成教学目标而采用的多种教学方法、选用多种课型、合理安排教学步骤等环节构成。"

（二）单元教学计划

尽管对教学单元的理解各异，但还是有学者根据单元教学的一般共性，提出了单元教学计划的概念。单元教学计划，是按照某一水平教学阶段的教学计划，把一项教学内容的教学目标、教学重点与难点、教与学的方法和手段、教学步骤、教学组织形式、教学评价、教学资源开发等因素，按照课次相互衔接，科学系统地进行编排的计划，它反映教师对该项内容教学的整体构思和设计，是对水平阶段教学计划的具体化。[①]

二、单元教学计划的制订

（一）单元教学计划制订的意义

1.实现体育课程目标的重要保障

一般说来，一堂课的容量太小，无法较为全面地实现五个方面的领域目标，但一个单元就不同，它有全面体现课程目标的时间和空间的容量。

2.合理组织教学内容的基础

一堂课往往只能教给学生单个技术，而一个单元的教学就能教给学生系列的组合，这样的教学内容便于在实践中得到应用。

---

① 袁瑞堂.体育课程践行的探索与理解［M］.徐州：中国矿业大学出版社，2011.

3.备课的基本途径

过去的备课主要是备课时计划，今后的备课应把单元计划放在重要的位置，一个单元计划的教学目标实际上统帅着若干节课的目标，一堂好的体育课也必须明确该堂课在整个单元中所处的地位。

（二）单元教学计划制定的原则

1.递进性原则

主要体现在教学内容和学习目标上。后一课次是在前一课次的基础上进行拓展，前一课次是后一课次的基础。

2.连续性原则

单元教学计划中，课次应当是连续的，尤其是主教材内容应当作为课次的连续排列，但不排除辅助性内容在多个单元教学中多次出现。

3.概括性原则

单元教学计划的具体操作由课时教学计划来完成。在制订单元教学计划时必须对课次学习内容和学习目标等做好基本的概括，即概括性地表述该课次要学习什么内容、达成什么目标、采用什么手段措施等。

（三）单元教学计划制订的方法与步骤

1.确定教学目标

单元学习目标源于水平学习目标，是课程总目标的基本单位，领域目标也是通过单元目标来落实的，其关系是逐级细化和分解的。在制定单元学习目标时，可以把水平目标的五个领域分别具体地细化表述在单元学习目标中，也可以用几句话涵盖五个领域目标，不用分别具体表述，但所要表述的意思必须在水平目标的范围内。

2.设置课时数

单元计划的课时数设置是以该单元教材内容的容量来确定的，它没有明确的规定，设置的时候可以根据学生的基础、教材的难度、学段情况等灵活安排。

3.确定难点和重点

教学难点是指经过多次学习体验才能领会的教材内容，重点则是指本次课主要学习和掌握的技能。在单元教学计划中，本单元的教学重点与难点应根据教材内容和学生的实际情况分析来确定，把重难点分配到教学课时中去，通过课时教学的突破来完成单元教学重难点的突破。

4.确定单元教学内容

单元教学内容的选择要遵从"目标统领内容"的原则。由于一个内容可以达成多个教学目标，一个目标也可以由多个教学内容来实现，所以单元教学计划学习内容的选择具有很大的灵活性。在内容分配时要依据教材内容的特点和学理规律，必要时可以对部分内容进行适当的取舍和修改，以符合学生的身心特点和实际需要。一般情况下，在选择教学内容的时候可以从以下几个方面进行考虑。

①单元教学内容的选择应考虑场地、气候等外界因素的影响。根据新课标精神改革拓展传统教学内容，选择合适内容促进学生健康发展。

②单元教学内容的选择要有利于激发学生运动兴趣，为培养学生的终身体育意识奠定基础。

③单元教学内容的选择要有利于课程教学的连续性。

④充分关注学生的个体差异与不同需求，确保每一个学生在学习本单元后都能有所收获。

5.制定教学方法与学习策略

教学方法和学习策略的制定可以从四个环节入手。

①确定教学手段。比如是否用直观教具，是否需要采用比赛的形式进行等。

②设置课的组织形式。比如，在该单元的每一节课中是采用集体教学还是分组教学，在分组教学中是采用同质分组还是异质分组，是预先分组还是随机分组，这些都要设计好。

③确定学习方式。比如，是否要引领学生进行自主学习，是否可以利用探究形式进行学习等。

④评价形式与方式的安排。小组、个人、集体、教师、学生自我等评价主体的确立，评价的时机、内容和方法等都要在课前有所设计。①

---

① 袁瑞堂.体育课程践行的探索与理解［M］.徐州：中国矿业大学出版社，2011.

三、单元体育教学计划编制案例

（一）健康教育类单元计划编制案例

健康教育类教学内容是指根据教学大纲和教材的要求，结合各年级学生的具体情况，进行系统地讲授，以提高学生的科学锻炼知识和体育文化素养的教学内容。健康教育类教学内容的安排比较灵活，一般安排在新学期的头一次课、风雨天和学校举行各种比赛的前后时间。

案例1：文字式健康教育类单元教学计划（见表10-12）。

设计思路：

这是一个健康教育类单元的体育理论课的教学计划，整个设计是从人体健康、运动损伤到大脑智力、睡眠与健康再到四季与体育健康，最后再到环境与健康这样的主线。

表10-12　健康教育类单元教学计划

第一周：第一次课（2学时）	
教学内容	什么是健康
教学目标	1.掌握健康的概念； 2.了解影响健康的因素； 3.养成良好的健康行为
教学重点	健康的类别和健康行为
教学难点	健康的演变
教学方法	讲授法、比较法、讨论分析法
第二周：第二次课（2学时）	
教学内容	运动损伤的成因及预防
教学目标	让学生了解运动损伤发生的原因及预防措施，能在运动中最大限度地防止运动损伤的发生
教学重点	分析运动损伤发生的原因
教学难点	如何积极做好预防措施
教学方法	讲授法、讨论分析法、问卷调查
第三周：第三次课（2学时）	
教学内容	正确运用大脑和开发智力
教学目标	让学生了解大脑开发和运用，从而掌握保护大脑的方法。为提高学习效率，提供必要的物质保证
教学重点	大脑的保护
教学难点	影响记忆的因素
教学方法	讲授法、比较法、讨论分析法

（续表）

第四周：第四次课（2 学时）	
教学内容	睡眠与健康
教学目标	从睡眠、做梦到失眠，全面向学生介绍最一般的常识，以便使他们掌握科学的睡眠知识，养成良好的睡眠习惯，有利于学习效率的提高
教学重点	睡眠与健康的关系
教学难点	养成良好的睡眠习惯
教学方法	讲授法、讨论法
第五周：第五次课（2 学时）	
教学内容	"四季"与体育健康
教学目的	通过对"四季"进行体育锻炼价值的分析，让学生掌握在不同的季节进行锻炼的科学方法，以便更好地增进健康，促进身体的全面发展
教学重点	把握"四季"与体育锻炼的关系
教学难点	掌握"四季"锻炼身体的方法
教学方法	讲授法、事例分析法
第六周：第六次课（2 学时）	
教学内容	环境与健康
教学目的	让学生了解环境因素给人体带来的危害，把握地理环境、生活环境等与疾病的关系，以便更好地预防疾病，保持健康
教学重点	环境对健康的影响
教学难点	如何在日常生活中保护健康，不受环境不利因素的危害
教学方法	情境教学法、提问法、讨论法

案例 2：健康教育类单元教学计划（表 10-13）。

设计思路：

本单元主要是以传授健康方面的理论知识为主，从学生的成长过程会遇到的问题和身边发生的事着手，使学生知道如何讲究仪表美，形成良好的生活习惯，养成独立学习生活的能力，并对人类需要的七大营养素以及消化系统的构造、功能与保健，青春期生理卫生、户外活动的益处有一个较为清晰的认识。本单元还有 6 个学时给学生传授简单外伤、烧伤、烫伤的处理方法。使学生懂得体育锻炼对身体健康的作用和如何为自己设置适宜的体育锻炼目标。在教学过程中，针对相关的理论问题结合同学们生活中遇到的实际问题进行讨论，使空洞的理论讲授变得生动并贴近学生成长的实际，对于有针对性地解决学生成长过程中实际问题搭建了一个良好的平台，在学生讨论中以及讨论之后，教师及时地给予正确的指引对学生健康成长是非常实际的。

高中健康教育专题单元体育教学计划

单元教学目标：

（1）提高学生在饮食卫生、仪表美、独立学习、生活等方面的能力。

（2）懂得消化系统的构造功能对保健及均衡的影响，了解青春期卫生保健知识并对生长发育的影响和帮助。

（3）基本掌握简单外伤、烧伤、烫伤的处理方法及无菌操作概念。

（4）了解体育锻炼对身体健康的作用，并且知道运动前、中、后的安全注意事项及保健常识。

（5）懂得设置体育学习目标，制订体育学习计划。

表 10–13　健康教育类单元教学计划

顺序	学时	教学内容	教学目标	重点、难点	主要学法教学要求
1	1	讲究仪表美	1. 使学生了解什么是仪表和仪表美； 2. 使学生知道怎样从个人卫生、着装、坐、立、走的姿势，以及语言、行为举止等方面讲究仪表美； 3. 让学生结合自己的生活实际，说说怎样讲究仪表美	1. 怎样才能做到仪表美； 2. 仪表美与身心健康的关系	1. 仪表美包含内容； 2. 仪表美对生活的影响
2	1	养成独立学习、生活的能力	使学生了解什么是良好的习惯，培养学生独立学习和生活的能力	1. 了解独立学习、生活能力原则； 2. 懂得培养独立学习、生活的能力的方法	1. 掌握独立学习、生活能力的四个方面； 2. 讨论独立学习对成长的影响作用； 3. 通过资料分析、探讨生活能力与成长的联系
3	1	七大营养素（一）	让学生认识人类需要的七大营养素：蛋白质、脂肪、碳水化合物	1. 明确充足的营养是少年儿童长身体、长知识的重要保证； 2. 了解充足的营养是保证体力、智力的基础	1. 营养素的分类； 2. 平衡营养的八大原则

179

（续表）

顺序	学时	教学内容	教学目标	重点、难点	主要学法 教学要求
4	1	七大营养素（二）	让学生认识人类需要的七大营养素: 无机盐和微量元素、维生素、水和食用维生素	了解良好吸收营养是充分生长和发育的需要，是成年以后的身体素质的基础	1. 营养素对健康的影响； 2. 体育锻炼的营养需求； 3. 不良的饮食习惯以及对健康的危害
5	1	消化系统的构造、功能与保健	使学生认识人体的消化系统，注意维护它们	1. 正确地认识人体消化器官； 2. 了解消化器官的构造和机能； 3. 知道如何进行保健	1. 消化系统的组成； 2. 食物的消化过程； 3. 谈谈自己怎样维护功能
6	1	青春期生理卫生	1. 了解青春期生理和心理变化特点； 2. 懂得如何保持个人卫生、注意自我保健； 3. 青春期异性交往的要求	青春期生理特征和心理特征	1. 青春期生理和心理特征 2. 谈谈自己如何健康度过青春期
7	1	户外活动有益	使学生认识到户外活动是一种促进健康、增强体质的有效方法	1. 户外运动对健康的作用； 2. 怎样进行户外运动	1. 对户外运动进行谈论并举例有哪些户外运动； 2. 分析自己进行的户外运动对健康的作用
8	1	外伤的简单处理（一） 外伤的简单处理（二）	外伤经常发生，也要进行简单的处理。 让学生学会在发生出血时自救	1. 知道有哪些常见外伤； 2. 当场处理外伤的简单方法	1. 描述和记录自己是否在体育活动中出现外伤事故； 2. 怎样进行保护自己和自救
9	1	保持性心理健康	1. 了解性心理发展的特征； 2. 学会与异性正常交往的原则； 3. 学会预防性侵犯的方法	1. 正确处理与异性交往； 2. 预防性侵犯的方法	1. 高中生性心理发展能特点； 2. 抵御性侵犯； 3. 用心体验与异性的正确交往

顺序	学时	教学内容	教学目标	重点、难点	主要学法教学要求
10	1	体育锻炼与安全	让学生明白体育锻炼有助于增强体质，提高健康水平。但要注意安全	通过体育活动培养自尊、自信	1. 通过行为表现评价，了解自尊与自信的价值； 2. 在体育活动中展现和培养自尊和自信
11	1	体育与情绪的调控	1. 了解情绪与健康的关系； 2. 学会合理调控情绪的方法	不良情绪的调控策略	1. 情绪和健康的关系； 2. 不良情绪的调节方法； 3. 情境分析，不同的情绪采取不同的对策
12	1		1. 通过学习，使学生了解急救的基本知识与常用方法； 2. 提高学生的急救技巧； 3. 培养学生自我保护意识与助人于危难之时	1. 常用的急救方法； 2. 急救知识与方法在现实生活中的运用	1. 了解常见的急救基本知识和方法； 2. 示范模拟练习
13	1		1. 了解什么是目标设置； 2. 掌握体育学习中目标设置的策略和方法； 3. 树立终身体育意识	1. 了解设置目标的作用并科学地设置目标； 2. 指导学生课余的体育锻炼，进而建立终身体育意识	1. 掌握目标设置的要素； 2. 领会目标设置的作用； 3. 结合实践科学地设置目标
14	1	知识考核		教师评价	
15	1	知识考核		教师评价	

（二）精学类单元计划编制案例

精学类教学是指学生需要长时间学的、常见的、可行的、学生喜欢的、教师能教、场地允许、与学校传统体育相结合的项目。如篮球、排球、武术、足球、乒乓球等等。

案例1：技术学习，水平四的排球单元体育教学计划编制方案示例（见表10-14）

181

设计思路：

该案例是水平四大单元，关于排球运动技术学习方面的教学计划。总体设计思路是从培养学生的球性开始切入。以学习正面双手垫球技术，正面、侧面下手发球和发垫组合技术，遵循排球运动技能形成的规律，体现了由易到难的设计思路。同时考虑到该年龄学生的身心特点运用了游戏教学法、研究性学习方法、比较教学法、理论讲解法等多种教学方法，充分体现了教学的多样性，对多元学习目标的达成有较强的针对性。

表 10-14　水平四的排球单元体育教学计划编制方案

题目	进入排球世界	学时预计	15～20	辅助内容	发展速度和灵敏性
单元学习目标	激发学生对排球运动的学习兴趣，在排球文化氛围中使学生积极地学会排球技术，在比赛中培养学生合作与竞争精神，在向自我挑战的过程中体验到克服困难达到目标的欢乐，结合排球运动的特点发展学生速度、灵敏素质				
课时	学习内容	学时学习目标	学习策略	辅助内容	对规则的改变
1	熟悉球性	在多种游戏中，熟悉球性，感觉到排球运动的无限乐趣，充分发挥自己的应变能力。体验到个人与集体的关系，对排球运动基本知识有所了解	排球游戏：简单地介绍排球的基本知识排球趣味比赛	排球基本知识介绍（一）：起源、特性价值等	不记击球方法的比赛
2	正面双手垫球	在熟悉球性的基础上，初步掌握正面双手垫球技术，在研究性的学习中明确正面双手垫球的技击部位，提高分析问题解决问题的能力	1. 排球游戏；2. 各种玩球：模仿垫球练习、垫击固定球练习、自抛自垫球练习；3. 研究问题：正面双手垫球的准确部位在哪里；4. 垫球比赛	学习准备姿势及移动方法	以垫球为击球手法降低球网高度、每个回合中一方最多可击球4次，先得15分为胜

（续表）

课时	学习内容	学时学习目标	学习策略	辅助内容	对规则的改变
3	正面双手垫球的练习（一）	在研究性的学习中明确正面双手垫球的击球要求的基础上，进一步掌握正面双手垫球技术	1. 排球游戏； 2. 各种玩球的练习：对墙垫球练习、一抛一垫练习、两人对垫练习； 3. 研究问题：垫球的稳定性是进攻的基础，那么垫球者在完成垫球的运动后排球以什么样的运动轨迹更为平稳，更有利于本方人员组织有效进攻； 4. 垫球比赛	排球的基本规则简单介绍（一）持球、个人及集体的击球次数	以垫球为击球手法、降低球网高度、每个回合中，一方最多可击球3次，先得15分为胜
4～5	正面双手垫球的练习（二）	巩固掌握正面双手垫球技术，在一定心理压力下，能表现出自己应有的水平，逐步增强自信心	1. 排球游戏； 2. 各种玩球的练习两组垫球换位练点多人垫球练习、垫准练习； 3. 垫球比赛	排球的基本规则简单介绍（二）：触网、过中线	可击球3次，先得15分为胜
6	正面下手发球	掌握正面下手发球的技术要领	1. 排球游戏 2. 各种玩球的练习徒手模仿、固定球练习、对墙发球练习正确并能在10个发对中有8个成功	排球的基本知识介绍（二）：场地、网高等	在排球场内离底线1米处发球，并降低网高

课时	学习内容	学时学习目标	学习策略	辅助内容	对规则的改变
7	正面下手发球练习	进一步掌握正面下手发球的技术，在一定心理压力下，能表现出自己应有的技术水平，逐步增强自信心	1. 排球游戏； 2. 各种玩球的练习：两人对发球、发球过网、发准游戏	发球技术的介绍	在排球场内离底线1米处发球
8	侧面下手发球	记住侧面下手发球的技术要领，初步掌握侧面下手发球的技术	1. 排球游戏； 2. 各种玩球的练习：徒手模仿、固定球练习、对墙发球练习	灵敏素质练习	在排球场内离底线1米处发球，并降低网高
9	侧面下手发球练习	进一步掌握正面下手发球的技术，在一定心理压力下，能表现出自己应有的技术水平，逐步增强自信心	1. 排球游戏； 2. 各种玩球的练习：两人对发球、发球过网、发准游戏	灵敏素质练习	在排球场内离底线1米处发球
10 ～ 13	发垫组合练习	巩固垫球及发球技术，并能在实践中运用	1. 排球游戏； 2. 各种发垫组合练习：6人对抗赛、8人对抗赛、12人对抗赛	速度素质练习	降低网高
14 ～ 15	玩中练的游戏及教学比赛	体验排球运动的欢乐，明确排球的基本规则，在实践中检验自己的运动技能，在比赛中和同伴建立良好的合作关系	1. 排球游戏； 2. 教学比赛：给自己和他人的场上表现评分		

第十一章　体育教学评价的设计

第一节　体育教学评价简介

一、体育教学评价的概念和本质

（一）体育教学评价的概念

体育教学评价是依据体育教学目标和体育教学原则，对体育的"教"与"学"的过程及其结果所进行的价值判断和量评工作。[①]

通过对体育教学评价的概念进行分析，我们可以发现，它包含以下三个基本含义：

1.体育教学评价是"依据体育教学目标和体育教学原则"来进行的

在体育教学评价中，体育教学目标是评判体育教学"是否获得了预先设定的成果"、是否完成任务的依据；而体育教学原则是评判体育教学"是否做得合理"、是否合乎体育教学基本要求的依据。这两个评价依据都具有一定的客观性和规范性，也都具有教育评价的效度和信度。

2.体育教学评价的对象是"体育的'教'与'学'的过程和结果"

众所周知，体育教学评价的重点对象是作为受教育者的学生的"学习"，包括学生的学习水平和品德行为；相对应的，体育教学评价还对教师的"教授"进行评价，包括教师的教学水平和师德行为。

---

① 袁雷，郭玉莲.体育教学法新论［M］.长春：吉林大学出版社，2013.

3.体育教学评价的工作内容是"价值判断和量评工作"

"价值判断"主要是对教学方向的正误、教学方法的恰当与否等进行评价，是一种能够定性评价；"量评工作"主要是对可以量化的学习效果，如身体素质的增长和技能掌握的数量等进行评价，是定量性的评价。

（二）体育教学评价的本质

评价是人类对自身实践活动自觉地鉴定和反思的过程，它是人类所特有的一种认识活动，它的实质在于促使人类实践活动日趋完善，从而更加符合事物发展的客观规律。实际上，人类在日常生活中无时不与价值打交道，可以说，人类从实践到认识的过程不能缺少价值这一环节，或者说主体对客体认识的过程也是主体对客体进行价值评价的过程。[①]因此，从本质上来说，评价不仅体现了对主体与客体关系的把握，同时还包含了主体对客体的价值的看法。必须强调的是评价是建立在对价值的认识的基础上的，因此凭借是否正确直接影响到与之相关的实践活动的进行。从一定意义上来说，也可以认为这是一个涉及价值观取向的问题，因为价值观取向不同，主体在进行评价时所采取的原则、方法、标准和操作模式便存在着很大的不同。由于评价在认识层面的真伪将直接影响到人类的行为和实践活动，因此，在评价过程中必须坚持辩证唯物主义认识论的基本原则，将主观的评价与客观的价值存在进行统一，对价值客体的本质特征和功能属性有一个清晰的认识，以价值主体的需要衡量价值客体的属性与功能，从而更好地满足人类可持续发展的需要。

二、体育教学评价的特点

（一）评价内容的综合性与全面性

在体育教学中，因为个体活动的差异性比较大，因此评价指标应该具有较大的覆盖面，体现出一定的综合性与全面性。

---

① 袁雷，郭玉莲.体育教学法新论［M］.长春：吉林大学出版社，2013.

（二）评价标准的个体性与发展性

在评价指标体系中，有一部分指标可以采用自评的方式，其评价标准具有个体性，这些个体评价还可以在不同的学年或学段根据学生水平调整某些指标的权重，这也突出了评价标准的发展性。

（三）评价方式的开放性与动态性

鉴于个体评价的广泛性和全面性特征，被评价者可以以主观自评的方式参与评价的过程，所以说个体评价也是一种开放式的评价。此外，这种形式的评价一般情况下还包含了被评价者对未来效果的预测与期望，这就使个体评价具有了动态性。

（四）评价功能的多维性与互补性

个体评价不仅保留着传统评价的鉴定考核功能，同时还具有目标导向功能、动机激励功能、过程调控功能等，从这一方面我们也可以看出个体评价具有功能上的多维性与互补性。

（五）评价功能的决策性

具体说来，体育教学评价具有导向、激励、协调、控制、管理等方面的功能，但概括起来则总是通过广泛收集、分析各方面的信息，综合判断教学现状所达到教学目标的程度来决策教学实践活动的运行。[①]比如，教师可以通过反馈信息的方式对教学程序进行协调，还可以改进教学方法，做出正确的决策，通过这些方面的工作使教学沿着既定的目标前进。学生则可以通过信息反馈，来决策自己的学习是否存在问题，通过评价校领导还可得到教学决策信息，从而加强教学工作的管理。

（六）评价指标的客观性

一般来说，教学评价的目的在于揭示教学的真正价值，因此，评价指标应该力求客观，只有如此才能实现有效评价的结果。这就要求我们在制定评定指标时坚持全面性、具体性、预测性原则，评价指标应力求全面，能全面反映体育教学

---

① 袁雷，郭玉莲.体育教学法新论［M］.长春：吉林大学出版社，2013.

的状态及其效果。此外，评价指标还要具体明确，在制定评价指标时应该从分析教学过程的基本因素入手，精选那些能反映教学质量的主要因素来进行，并依据各因素的重要程度，赋予不同的权重值。

（七）评价过程的有序性

体育教学评价是一个有序性的过程，由计划、实施、检查、总结四个阶段构成。计划阶段主要是制订评价方案，评价方案反映了评价的决策，是评价工作的依据。实施阶段主要是做好评价的组织工作，明确工作职责，按评价方案开展评价活动，工作重点是收集和处理评价信息，检查阶段主要是了解评价方案执行的情况，纠正偏离评价目标的行为，使评价工作顺利地进行。总结时运用正确的数据和典型材料，提出评价结论，改进教学评价制度。[1]

三、体育教学评价的功能

（一）导向功能

体育教学评价的导向功能表现在两个方面：一要把握学校的办学方向；二要为教师和学生指明教与学的努力方向。

（二）预测功能

体育教学评价的预测功能是通过诊断性评价和综合测评的方法实现的。

（三）激励功能

体育教学评价的激励功能是指评价对人们具有一种激发情感、鼓舞斗志、振作向上的功效与能力。

（四）考察鉴定功能

除了对教师的教和学生的学具有促进作用，教学评价还对教学质量和水平、优点、缺点和问题具有考察鉴定的作用，对学生的学习能力、学业状况和发展水

---

[1] 袁雷，郭玉莲.体育教学法新论［M］.长春：吉林大学出版社，2013.

平能起到判定和鉴别的作用。

（五）检测功能

检测并判定教学效果，是体育教学评价中最重要的一项功能。主要表现在两个方面：第一是对教师的教学水平、学生体育知识、技术技能的掌握、教学目标和教学任务的实现程度、健康水平的提高情况进行客观的检测，并进行科学的评判，从而获得有效的信息。第二是通过检验和评判对整个教学情况进行全面的了解，以帮助发现和提高教学质量。[①]

（六）诊断功能

通过体育教学评价，教师能够对自己的和学生的教学行为及其结果有一个清晰的了解，并能够从中发现存在的问题和需要改进的地方，不仅能够对教学目标、教学方法、练习手段、运动负荷和讲解示范、组织教学等教学范围进行分析，还可以对学生的学习态度、练习的积极性、投入程度等表现进行分析，看这些因素是否合理，是否得当，是否发挥了教师的主导作用和学生的主观能动性，以便找出原因，对教学策略加以调整，改进相关的教学环节，克服教学中存在的各种问题，以提高整个教学水平。

（七）反馈功能

通过体育教学评价这一程序，不仅能够为教师衡量教学状况提供大量的反馈信息，同时对于学生了解学习情况也有很大的帮助。根据这些信息，教师可以清楚地了解到自己教学中的优点和不足，并依此来调整自身的教学行为。学生通过这些信息，能更清楚地发现自己学习情况的优劣，从而明确自己努力的方向。但是我们应该注意，在将反馈信息提供给学生时，要根据学生的年龄和心理特点，把握适度性原则。

（八）导向功能

体育教学评价的导向功能表现在教师对教学目标、教学任务、教学重点、考

---

① 袁雷，郭玉莲.体育教学法新论［M］.长春：吉林大学出版社，2013.

试要求的确定必须与教学评价相联系，学生的学习目标、学习的侧重点却受到了评价内容和评价标准的约束，从某种意义来说，教学评价的内容和标准是教学工作的方向。因此教学评价内容和标准的制定，必须能反映社会需要和学生个体的需要，符合学校体育的要求，能促进学生身心发展方向。①

（九）研究功能

研究功能指的是对体育过程按照一定的标准测量和收集到的相关资料，在一定的范围内可以对体育课程的改进，教材或教学方法的衡量，学生身体发展的评价研究等，提供有效的参考，能够有效地促进教学改革。

（十）调控功能

调控功能是体育教学评价所追求的基本目的。它主要包括对体育教学效果的验证，对体育教学过程和结果的诊断，对评价信息的反馈等，其主要目的就是为了更好地调整和控制体育教学过程，使教学的各个环节得到进一步的改善，使各种教学行为更好地指向教学目标，当然也要使教学目标更加符合教育目的，能够满足学生身心发展的要求。

四、体育教学评价的原则

（一）客观性原则

客观性原则是指在进行体育教学评价时，无论是评价标准和方法，还是评价信息的获取以及评价者所持的态度，尤其是最终的评价结果，都应该符合体育教学的客观实际，力求客观、公正、准确。

（二）指导性原则

体育教学评价的指导性原则有以下几点要求：第一，必须把教学指导建立在相应的评价资料基础上，所评价和建议的应能使被评价者信服，不能毫无根据地随意评价；第二，要指导明确、反馈及时，切忌评价含糊其辞，以免使被评价者

---

① 袁雷，郭玉莲.体育教学法新论［M］.长春：吉林大学出版社，2013.

无所适从；第三，评价应具有启发性，为被评价者深入思考留有余地，不能搞强迫命令。

（三）科学性原则

科学性原则要求做到：其一，要从教与学统一的角度出发，依据体育教学的目标确定合理统一的评价指标体系和相应的评价标准；其二，应采用定性和定量相结合的方法，按照统一的标准或尺度分析，衡量体育教学的状态和具体效果；其三，要注意对有关评价的工具手段进行反复的修订和筛选，使之具有一定的效度和信度后再加以实施。

（四）全面性原则

素质教育是以培养创新能力和实践能力为重点的一种新型的教育。因此，体育教学评价也应该围绕着学生的创新能力和实践能力而展开。这种评价不应局限于体育教学理论、技术和身体素质、智力发展等认知领域，而且要广延至学生的品德、个性、意志、态度、人格等非认知因素的发展，以及教师的教学行为、授课质量等诸多方面。[①]换句话说，创新能力和实践能力是一种综合能力，它集合了人的知、情、意等心理过程，它包含多个方面和多个层次，所以，体育教学评价不应以某一方面的技能去评价学生，而应从整体出发，采用全面的视角对学生的素质进行，这样才能全面地反映体育教学的现状及效果，避免以点代面。

（五）实践性原则

与其他学科相比而言，体育的实践性是非常强的，操作性和实践性是其显著特征。只有在实践活动中才能将体育的能力、水平和素质体现出来，这就决定了，体育教学评价也应该在实践活动中进行。这种实践活动包含体育身体素质、体育技术水平、体育兴趣和爱好四个层面。虽然传统体育教学评价对身体素质和技术水平给予了较多的关注，但是对其他两个层面却没有给予应有的重视，这在一定程度上与体育教育的培养目标和素质教育思想背道而驰。因此，实践性原则更确切地说是全面的实践性原则，是体育教学评价真正实现其功能与作用的根本保证。

---

① 袁雷，郭玉莲.体育教学法新论［M］.长春：吉林大学出版社，2013.

（六）主体性原则

主体性原则是指体育评价主体从自身的需要出发，来评价客体对主体所具有的意义。培养和发展人的主体性就意味着承认主体、尊重主体，也只有在此基础上才能正确地求得评价内容的客观性，更好地发挥主体的能动性。

（七）可比性原则

可比性原则要求：第一，评价指标必须反映评价对象的共同点和属性；第二，评价指标应具有可测性，即指标作为具体目标，要用具体可操作的语言进行定义，通过观测可得出明确结果。

（八）可行性原则

可行性原则是指评价指标要符合我国及学校的现状，无论是过高还是过低都不利于教学的发展，因此在制定评价目标和指标体系前应对有关内容进行深入了解，评价指标体系应尽量简明，便于评判。

（九）方向性原则

通过对哲学、教育学、心理学、评价学等关于教学评价体系的基础学科的综合分析，可以发现，体育教学评价是依据体育教育的教育性质、教育目标所进行的一项具有目的性的社会活动，这就要求体育教学评价应具有方向性。

（十）系统性原则

系统性原则是指体育教学评价指标体系应具有整体性、联系性和层次性。对教学评价对象的所有评价指标均要求考核的内容要全面。

（十一）可测性原则

可测性原则是指所设计的指标必须可以通过观测或用测量工具的测量来获得明确的测量结果。

五、体育教学评价的主体

体育教学评价的主体就是"谁来评"的问题，在新的体育与健康课程理念中明确要求，打破传统的教师单一主体的地位，实现多个方面的评价主体共同参与，为学生体育学习做好"诊断"和判定。

（一）教师

1.教师作为评价主体的特点

（1）教师具有丰富的认知经验和较强的鉴别力

体育教师一般都是受过专业培养和训练的人员，具有较为深厚的专业知识和技能，有着丰富的认知和活动经验，因此在学生的体育与健康知识的学习、运动技能的掌握等方面，有着较强的鉴别能力，能够及时准确地判断和评价学生的体育学习质量，因此，教师作为评价主体，对体育教学评价能够发挥十分重要的作用。

（2）作为教学的设计者，教师掌握着评价的主要方向

体育教师是教学目标和教学活动过程的设计者和引导者，对于教学环节和要求比较熟悉，控制着教学活动的进程。因此，体育教师往往掌握着评价的主要方向，引导着学生的学习的目标方向和活动方向。体育教师通过语言、眼神、手势等方式，可以对学生活动及效果做出判断，使学生能够保持正确的行为和状态，最终达到学习的目标和要求。[①]

（3）教师面对的是全体学生，具有一定的评价权威

作为教学活动的组织者和引导者，体育教师一般是根据教学设计来开展教学活动的，面对的是全体学生，因此他们的评价往往具有一定的权威性和客观性，能够对学生的后续学习产生比较深刻的影响。学生根据教师的评价，可以对自己的学习进行调整。

2.教师作为评价主体的作用

（1）管理和控制体育教学活动

在体育教学中，教师可以通过即时性的评价潜意识地对整个教学活动过程进行管理与控制。这就表现在：教师不仅可以在教学组织过程中肯定学生的良好表

---

① 张虹，赵平，赵泽顺.基础教育体育教学原理与方法［M］.昆明：云南大学出版社，2013.

现，以此来提高学生的兴趣和热情，使教学活动朝着既定的方向发展，还能够对学生在学习活动中出现的错误加以纠正，提高他们学习的质量和效率，对教学环节和活动秩序进行进一步的控制，从而提高整个教学的效益。

（2）指导和帮助个别学生的学习

在体育教学中，教师一般情况下会通过观察和即时评价，与学生一起分析出现的问题，引导他们进行思考和练习，以此来实现对学生的个别指导和帮助。这种评价与互动，能够激发学生克服困难的勇气，使他们集中精力，掌握要领，达成目标。很多体育教师善于在评价中指导，在指导中评价，通过这种方式建立了互信、良好的师生关系，与学生共同构建了积极、健康的教学环境，促进了教学任务的有效完成。

（3）激励和提升学生的学习

体育教师在教学中通过对个别表现优秀的学生进行即时评价，能够进一步激发学生学习的动力，激励学生向着更高的目标探索，更能够对学生的课外锻炼和课外学习产生积极的推力，主动探索项目文化和项目技能，从而培养学生的项目爱好和自我发展意识，形成个人专长和优秀品质，增强体育健身和超越自我的能力。优秀的体育教师往往注重通过评价和激励，发现较有潜质的学生，培养学生体育骨干，促进示范效应的产生，在教学中树立正确的学习态度，形成良好的教学和学习氛围。[①]

（4）检查和改进教学

无论是对教学的过程性评价还是终结性评价，都能够促进体育教师的教学检查、反思和改进，特别是在一些教学难点的把握和操作上，可以让教师深入思考存在的问题，探究解决问题的方法，改进自身的教学病症，达到教学相长的效果。此外，同行之间的观摩和评价，更能够促进相互之间的交流与沟通，取长补短，共同进步，提高各自的教学能力。

（二）学生

1.学生作为评价主体的特点

（1）学生评价存在认知上的局限性

---

① 张虹，赵平，赵泽顺.基础教育体育教学原理与方法［M］.昆明：云南大学出版社，2013.

因为学生的认知、身体、心理、技能、情感、意志等基础比较薄弱，正处于形成和不断丰富的阶段，所以学生作为评价主体在进行自我评价、评价同伴和评价教师时，往往会具有一定的偏差和片面性，特别是在自我评价中，学生一般都会受自我保护意识，以及人际关系、个体情绪等因素的影响，不少学生在评价时会有意夸大或贬低评价对象，给教师的判断带来一定程度的影响。

（2）学生评价具有直观感受性

在不同学习阶段，作为评价主体的学生，对评价对象的评价往往都有不同程度的直观性和感受性。学生在评价过程中只是停留在诸如"好玩""喜欢""很棒""太开心了""郁闷""太难了"等比较浅表的语言描述，很难深入完整地对教学环节的操作或学习活动有一个理性的判断。体育教师应善于在发扬民主的同时，及时帮助学生总结和归纳有关的评价，使之上升到认知与行为不断联系和内化、互进的良性模式，促进学生自我认识的提高，自主学习的突破，自我发展的延续。①

2.学生作为评价主体的作用

（1）提高自我认知的能力

学生作为评价的主体，无论是自评还是参与他评，都能够有效地提高自我认知能力，主要表现在：一方面，在纵向对比中，学生可以发现自己的优缺点，并找到导致这种不足的原因，以便于对自己的学习情况做出正确的判断；另一方面，在横向上可以与其他同伴进行对比，找到自身在知识、技能、体能、思想、心理等方面的差距或优势，为下一步学习提供参照标准，进一步提高自己的学习水平。

（2）强化自我发展的动力

学生作为评价主体，在评价过程中，不仅能够提高自我认识，同时还可以通过内化系统不断地强化自我发展的动力。同时，学生还可以将自己的评价与教师的评价和引导结合在一起，确立正确的方向和目标，对自身发展的方法和途径进行有效探究，对自己的行为模式与学习技巧进行调整和改善，构建自身的学习愿景，努力调动更大的热情，提升自己的兴趣水平，增强个人的意志品质，从学习中获得更多的愉悦和效能，将自己的体育学习和兴趣爱好提高到一个新的水平。

（3）促进教师教学反思

---

① 张虹，赵平，赵泽顺.基础教育体育教学原理与方法［M］.昆明：云南大学出版社，2013.

教学评价是促进体育教师的教学能力提高的有效途径。体育教师的教学效果需要评价对象的综合判断，促进教师教学反思，为下一步教学做好改进、创新和实践的准备。教师根据学生学习的质量和学生评价的结果，可以从教学设计方面重新审视自己的教学，还可以从自身教学机制方面来体会自己的教学，不断反思和探寻教学中的环节目标与行为操作的内在规律，进一步改善教学设计，提高自己的基础教学技能，从而提升教学水平。[①]

（三）家长

1.家长作为评价主体的特点

（1）评价标准的非统一性

由于学生家长都是来自不同阶层和不同行业的人员，社会联系比较广泛，但是他们对于学校体育的课程与教学内容体系、教学模式和学校文化特色并不是很了解，所以在进行教学评价时往往站在单向维度上做出比较感性的判断，主要表现在：一方面，对教师的知识和能力要求比较高，非常重视教师的教学实践，而忽略了教师的理念和方法；另一方面，学生家长总是习惯于站在自己孩子的角度来衡量教师的能力水平，再加上受传统观念的影响，只注重孩子某项运动技能的学习效果，对孩子在非智力因素方面的进步和成长并不是那么重视。

（2）评价方式的非专业性

由于学生家长缺乏学校体育教学的规律性知识，在评价时给出的判断往往带有明显的非专业性。特别是在评价方式上只注重学习的结果，而不关注学习和教学的整个过程，对教学内容、规律等难以全程观察，采用绝对评价比较多，对教师教学缺乏宽容，对孩子学习缺乏耐心，造成双重的偏差。但并非所有的家长评价都存在这个问题，家长评价也在一定程度上反映出教师的教学能力和水平。因此，家长评价需要组织和引导，甚至需要某种形式的培训。[②]

2.家长作为评价主体的作用

学生家长作为评价主体，参与学校体育教学评价，体现了教学评价民主机制的扩展性。在这一过程中，家长的评价不仅能够促进学校体育教师的教学改进，

---

① 张虹，赵平，赵泽顺.基础教育体育教学原理与方法［M］.昆明：云南大学出版社，2013.

② 张虹，赵平，赵泽顺.基础教育体育教学原理与方法［M］.昆明：云南大学出版社，2013.

同时还能够成为家庭教育的重要参考依据，通过家长的评价和沟通，学校教育与家庭教育能够有机地融合，共同为学生的身体、心理、社会适应、运动参与和技能学习创造良好氛围，为学生的全面发展赢得空间。与此同时，虽然家长作为评价主体参与教学评价，只是整个体育教学评价中的辅助形式，但这种形式也是对学校体育教学的"监督"和"检查"，督促学校体育教师以学生发展为本，科学合理地完成教学过程和目标任务，对改进教学质量产生积极作用。

（四）其他人员

教学评价的主体除了以上所讲述的教师、学生、家长之外，还有其他人员，如学校校长、学校督导、教育行政部门、社会人士等。体育教育作为培养全面发展的建设者和接班人的重要领域，需要多方面的支持和建议。由此也可以看出，其他人员的教学评价带有宏观性和启发性，能够在教育教学政策、教学理念、教学实践创新、教学成果推广等诸多方面，给予学校体育教师进行引导和帮助，有利于教师的专业成长和教学质量的提升。

第二节　体育教学设计评价

一、体育教学设计评价的概念

体育教学设计评价，从本质上来说是指对体育教学设计方案进行的评价。体育教学设计方案的评价，指的是在体育教学设计方案推广应用之前，先在一个小范围内进行试用，以便于对体育教学设计方案的可行性、实用性、有效性等情况进行了解。如有缺陷，则予以修正，然后再试用，再修正，直至满意为止，这样就在很大程度上提高了体育教学设计的质量，能够保证获得最优的体育教学效果。

作为体育教学设计过程的最后一个环节，体育教学设计评价是体育教学设计的重要组成部分，绝对不能忽视或省略。依据体育教学评价理论，我们可选择多种评价的方式对体育教学设计的成果进行评价，见表11-1。

表 11-1 体育教学设计评价的内容与评价的功能

评价的功能 评价的内容	过程评价	结果评价	定性评价	定量评价
诊断性评价				
形成性评价				
总结性评价				

体育教学设计方案形成以后，首先应该采用诊断性评价（前置评价）。这指的是，在具体的设计方案试用之前，先进行诊断、检查，看看是否犯了原则性的错误，比如，体育教学指导思想是否正确，体育教材的内容是否为精选的，科学性如何，体育教学过程安排是否符合学生学习的规律，是否符合人体生理机能活动能力变化的规律，是否符合学生身心发展的规律等，先从大方向上给予评价，以免在后续的试用实施中造成不必要的人力、物力、财力和时间等的浪费。[①]诊断性评价完成后，在此基础上再进行形成性评价。形成性评价可采用过程评价、结果评价、定性评价和定量评价相结合的方式。经过几轮的试用以后，在形成性评价的基础上，再进行总结性评价，同样可以采用过程评价、结果评价、定性评价和定量评价相结合的方式来进行。

体育教学设计方案的形成性评价是在制订和试行体育教学设计方案过程中的评价。通过评价可以获得反馈性的信息，如果存在不足之处，可以及时予以修改和调整。

体育教学设计方案的形成性评价一般需要做以下几项工作：

首先，在体育教学活动的每个环节中应收集何种资料才能确定成果的哪些地方是成功的、有效的，哪些地方是失败的、待改进的。

其次，应建立怎样的标准来解释收集的资料。

再次，应选用什么人来做成果的试用者。

最后，评价需要什么条件。

要解决上面四个问题，我们就要做好体育教学设计评价方案的制定。

---

① 杜俊娟.体育教学设计［M］.北京：北京体育大学出版社，2007.

二、体育教学设计评价方案的制定

（一）确定收集资料的类型

在试用体育教学设计方案阶段，收集的反馈信息应包括以下两类：

（1）学生在体育学习方面取得的成就。通过这一信息的收集，能够了解学生达到体育教学目标的程度。用数据来表示，数据来源于对学生的一系列测试、操作、观察、作业等。

（2）体育教学过程信息。这类信息的手机是为了了解体育教师在试用体育教学设计方案中的问题。也应用数据来表示，数据来源于对体育教学活动展开的观察和学生在体育教学过程中的反应。

在收集反馈信息时，至少应用两种评价工具，以保证收集到可靠的信息和足够的信息量。

（二）制定评价标准

在确定了收集哪一类型信息后，应建立解释这些信息的标准，也就是体育教学设计方案评价的标准。体育教学设计的评价指标，实质上是在评价时所要考虑的全部因素的集合，真正要成为可以衡量和比较的评价标准，还要将指标体系中各个指标依其主次关系进行权数分配，并要为所有指标进行定性描述或定量赋值。因此在确定评价标准的时候，应当尽量采用定性与定量相结合的方法，如使用的百分制、等级制等。[①]比如，我们可以采用定性方法为"体育教学手段"制定下述评价标准：假如某种体育教学手段引起了学生的极大兴趣，并在不同程度上增进了他们对体育教学内容的理解，则说明所设计的体育教学手段具有期望的体育教学效果。与此同时，我们还可以采用定量方法制定下述的评价标准：假如采用这种体育教学手段后，学生对某个动作技能的学习，完成动作的正确率为95%，或比原来提高15%，则说明所设计的体育教学手段具有好的使用价值。

一般来说，体育教学设计的评价标准至少应该包括如下几个方面：

（1）教学目标恰当、具体，并且符合《体育与健康课程标准》的要求，切合

---

① 杜俊娟.体育教学设计［M］.北京：北京体育大学出版社，2007.

学生的实际情况；

（2）教学内容的选择恰当，安排合理；

（3）教学过程设计符合三大规律：学生学习规律、人体生理机能活动能力变化规律、学生身心发展规律；

（4）教学方法有利于调动学生学习的主动性和积极性；

（5）教学活动要体现"以学生发展为本"；

（6）教学形式符合教学要求；

（7）教学媒体的选择适当，使用有效；

（8）教学效果好。

（三）选择被试

一般情况下，体育教师对某一堂体育课实施的体育教学设计方案，那么体育教师本人和所任课班级的学生就是被试人员。但是如果是专门的体育教学设计人员设计的方案，则应有目的地选择被试人员。

体育教学设计的形成性评价不可能也不应该拿许多学生和体育教师来做试验，只需挑选少数学生和个别体育教师作为被试样本，这就要求这个样本具有代表性。以学生为例，被试者取样的基本要求是这些学生的认识水平和能力应属常态分布，即同年级学生中各种水平和能力的人都应挑选。[①]一般情况下，可以采取随机抽样的方法来挑选被试人员，然后对挑选的结果略作调整，以保证这些样本学生都能配合测试并善于表达。选择的样本学生人数要适当，太多或者太少都不科学：人数太多会耗费过多的精力和时间，太少则使收集到的信息不够充分，难以说明体育教学设计方案的使用价值。我们应该看到，因为是用样本来代表全体，所以误差是不可避免的，因此，对于那些比较重要的体育教学设计项目，在条件许可的情况下应当扩大样本人数。

（四）阐明试用设计方案的背景条件

方案的设计者应该说明应该在什么样的条件下进行体育教学设计方案的试用，试用过程应如何展开，试用需具备或提供什么条件以及受到哪些方面的限制等。

---

① 杜俊娟.体育教学设计［M］.北京：北京体育大学出版社，2007.

如是城市学校，还是农村学校；是普通中学，还是示范性中学。怎样展开体育教学设计方案的试用过程，如怎样开始、怎样结束、中间要经过哪些环节、每一个环节怎样衔接，体育教师做什么、学生做什么等问题都应加以说明。

（五）评价方法的选择

收集任何资料都要借助一些方法和手段，在体育教学设计方案的形成性评价中，主要使用的方法有测试、调查和观察。

1.测试

测试是指通过一定的器材和方法，设置一定的项目或试题，对学生的行为样本进行测量。测试的方法比较适宜于收集认知目标、动作技能目标、体能目标等的学习结果资料（通常所说的考试、达标）。

2.调查

调查方法一般有问卷法和访谈法两种。问卷法是通过书面形式向学生提出问题，从答案中获取信息的方法。访谈法是通过与学生进行个别交谈或集体座谈，从中获取信息的方法。这种方法适宜于收集情感目标的学习结果资料。

3.观察

观察法是为了达到某种评价目标，体育教师专注于学生的行为和所处的环境，并记录所观察的内容，获得必要资料的方法。适宜于收集动作技能目标的学习结果资料（如我们通常所用的技评）。[①]

此外，收集体育教学过程的各种资料一般也会选择使用调查法和观察法。两种方法的适用范围有所不同：调查适宜于收集学生、体育教师和管理人员对体育教学的反应资料；观察适宜于收集体育教学设计方案的使用是否按预先计划进行的资料。

在形成性评价所需收集的资料中，学习结果资料面广量大，而且它所借助的评价方法与总结性评价又是通用的，因此格外受到人们的重视。表11-2罗列了获取各种体育教学目标的学习结果资料与适用的评价方法的对应关系，可供我们在选用评价方法时进行参考。

---

① 杜俊娟.体育教学设计［M］.北京：北京体育大学出版社，2007.

表 11-2 体育教学目标与评价方法关系

体育教学目标	评价方法
知道	各种客观测试、标准测试
理解、运用、综合	测试、问题情境测试、面谈调查
创造力	测试、问题情境测试、面谈调查
鉴赏力	测试、问卷调查、面谈调查
体能	达标测试、体格检查、观察
心理品质	观察、调查
动作技能	技评测试、达标测试
态度、习惯、社会适应性	观察、面谈调查、问卷调查

三、评价资料的收集和分析

这是两项性质不同的工作，但几乎是同时进行的，其中，收集是手段，分析是目的。将体育教学设计方案进行试教，在试教的同时进行观察。有条件的可请专人观察，并做好录像和记录工作。在课后可通过问卷调查和测试，收集有关资料。其步骤大致包括：

（一）向被试者说明须知

在开始进行教学工作前，应该让被试的师生知道试用体育教学设计方案的有关情况，例如，可以告知被试的教师与学生，试用目的是了解体育教学设计方案的质量而非被试者的能力，不必太过焦虑和紧张；让他们对试用活动的程序和试用所需的时间有一个清楚的了解；被试者将参与的活动类型及其注意事项；将收集哪些资料以供分析用；应该以什么态度和方式作出反应，等等。

（二）试行教学

这种试验性质的体育教学应具有可复制性的特点，即用相同的方式对另一些同年级学生再进行体育教学，如果他们的水平也属常态分布，可望获得大致接近的体育教学效果。由于这种体育教学具有典型性，通过评价就可获得推广值。要保证某一体育教学过程能重复展开，必须确实使这一过程是有一定的方案可遵循的，同时不让体育教师为难，仍保持一贯教态。体育教学活动的背景也应尽量避免过分的人为设置，以造成为试用而试用的气氛。[①]

（三）观察教学

在试行体育教学的同时，需组织部分评价人员在适当的地方观察体育教学过程，同时还应做好记录，主要应该记录以下事项：

（1）各项体育教学活动所花费的时间。

（2）体育教师是如何指导各项体育教学内容的学习的。

（3）学生提出了哪些问题，问题的性质和类型是什么。

（4）体育教师如何处理学生所提出的问题。

（5）在体育教学各阶段中学生的注意力、情绪反应、主动参与性、思维活跃程度怎样。

（6）学生在课内完成的体育练习，以此确定学生对所学内容的掌握程度。

（四）后置测试和问卷调查

一般情况下，在对体育教学设计的成果试用之后，应及时进行某种形式的测试和问卷调查。收集学生的学习结果资料主要通过测试的方式来进行；收集有关人员对体育教学过程的意见则主要通过调查的方式来进行。此项活动通常是紧接着体育教学试行后着手，但如果为了了解该设计方案对学生学习结果的保持是否有意义，收集学习结果资料的测试应科学安排，适当推迟一段时间进行。

四、整理和分析资料

把观察、调查和测试所得的资料进行整理和分析，得出评价结果。为了便于分析，可以将这些资料归纳、汇总在表11-3中。

---

① 杜俊娟.体育教学设计［M］.北京：北京体育大学出版社，2007.

表 11-3 评价资料汇总表

		学生姓名	认知		情感		动作技能		体能		…	备注
			项目1分数	项目2分数	项目1分数	项目2分数	项目1分数	项目2分数	项目1分数	项目2分数		
学习结果资料	测试和观察数据	A										
		B										可将所得数据计算百分比，制成图表，便于分析
		C										
		D										
		…										
教学过程资料	问卷数据	问卷题（同意 54321 不同意）							五分制平均分			
	观察数据	观察项目					频数		观察者评语			
结论												

表制成后，评价者应对资料做一次初步分析：拿各类数据与评价标准做比较，考察各种现象的相互关系。经过分析，可能会发现一些重要的问题，这时就要对这些问题加以解释，并通过恰当的途径证实自己的解释。例如，体育教学设计者可针对这些问题咨询、访问教育学、心理学、相关学科方面的专家和有经验的体育教师，或者采取与被试师生个别面谈和全体座谈的方式。通过访谈让各方人士对初步分析结果和改进意见加以证实。最后将访谈结果与分析结果综合起来进行分析，并在此基础上酝酿体育教学设计方案的修改方案。

五、报告评价结果

报告评价结果并不是所有类型的体育教学设计都需要进行的一个步骤，针对那些平时上课用的体育教学设计来讲，体育教师可以在评价以后直接对体育教学设计方案进行修改和调整，有时甚至省去评价结果的书面报告。但是那些特殊的体育教学设计教案，或是单元体育教学计划、水平体育教学计划等，就不一样了，由于体育教学设计方案的修改工作不一定马上就进行，也不一定由原设计者来做，因此需要把试行和评价的有关情况和结论形成书面报告。内容包括：体育教学设计方案的名称和宗旨、使用的范围和对象、试用的要求和过程、评价的项目和结果、修改的建议和措施、参评者的名单和职务，以及评价的时间，等等。[①]评价报告应坚持简明扼要的原则，具体资料如各种数据、访谈记录、分析说明等可以作为附件。

六、体育教学设计方案的修改和调整

在日常的体育教学实践中，体育教学设计方案需要不断地进行修正和完善。一般情况下，一个体育教师教同时教几个班级的学生，这时，在第一个班级进行的体育教学，便可以理解为第二个班级体育教学前的试教。在第一个班级体育教学结束后，体育教师就必须对体育教学设计方案及时进行评价，在此基础上进行修改和调整。在两个班级体育教学结束后，再对体育教学设计方案进行一次评价，根据这个评价进行修改和调整，为今后进行同一内容的体育教学做好准备。此外，学校常常要举行体育教学观摩和体育教学评比，有的优秀观摩课例还要制作成录像带或光盘。这些课的体育教学设计方案更需要不断修改和完善。因此，体育教学设计方案的修改和调整是一项必须引起足够重视的工作。

在体育教学设计方案评价的基础上，首先需要确定的是方案是需要重新设计还是只需做适当的修改和调整。一般来说，如果以下几条中有一条不符合要求的就必须重新进行设计：

（1）体育教学目标不符合《体育与健康课程标准》或不切合学生的实际；

（2）体育教学目标正确，但体育教学过程设计（如选择的体育教学手段、体育教学方法等）无法实现体育教学目标：

（3）体育教学内容的选择和安排、体育教学过程的设计不符合以下规律：学生学习规律、人体生理机能活动能力变化的规律、人体机能适应性规律、学生身心发展的规律，因此，不能有效地调动学生学习的主动性和积极性。

如果以上几条都符合要求，总体来说不存在原则上的问题，那么就要根据体育教学设计方案评价的结果对体育教学设计方案进行适当的修改和调整。

---

① 佟晓东，刘铁.体育教学设计与实践［M］.沈阳：东北大学出版社，2009.

近年来的体育教学实践表明，体育教学评价还可以采用其他的一些方式。其中最典型的就是多元评价与过程评价和奖惩性评价相结合的评价方式，具体操作如下：

（1）从新生入学开始，利用2～4周的时间，对学生的基本情况进行了解，可以采取观察、检测、问卷调查、访问等方式，同时做好记录，将学生分组归类。体育教学开始，相应的体育教学评价也开始。过程评价贯穿于体育教学的始终，直到新生毕业。

（2）体育与健康课程成绩（100分）=身体基本活动能力成绩（50分）+运动参与成绩（50分）

第一，身体基本活动能力成绩（50分）=活动过程评价（10分）+成绩进步奖（10分）+项目考核（30分）

在学生速度、耐力、投掷、弹跳、力量五方面的素质中每学期选一个或两个项目进行考核。在体育教学过程中，学生个体活动表现优异，每表扬一次加1分，满分为10分，体育教师随时做好记录。期末考核时成绩与上一次考试相比每提高5分，成绩进步奖2分，成绩进步奖满分为10分。项目考试分占身体基本活动能力成绩的30%，按实际成绩进行折算。[①]三项分数相加即为身体基本活动能力成绩。

第二，运动参与成绩（50分）=出勤情况（10分）+课堂表现（20分）+课外活动、两操（10分）+自选项目（10分）

出勤情况以体育教师和体育干部的考核为准。课堂表现20分，包含情绪与意志力（1～5分）、安全意识（1～5分）、交往与合作（1～5分）、学生自评（1～5分）。课外活动、两操（10分），以体育组长、体育干部和教师的考评为准。自选项目（10分）即对某项技能的掌握情况1～2分，对比赛规则、裁判法的了解情况1～2分，单独该项测评的情况1～2分，学生自评1～4分。[②]

（3）虽然这套评价方法看起来有点烦琐，但是只要在操作过程中充分发挥体育组长及体育骨干的作用，体育教师在新生入学时做好充分的准备，还是具有很强的可操作性的。它不仅使体育教学的评价更加科学合理，同时完全符合新课程标准体育教学评价的要求。

---

① 佟晓东，刘铁.体育教学设计与实践［M］.沈阳：东北大学出版社，2009.

② 佟晓东，刘铁.体育教学设计与实践［M］.沈阳：东北大学出版社，2009.

总之，新的评价体系充分体现了评价的发展性，它也做到了从"以人为本"的观点从发，强调为学生提供宽松和谐、民主平等的成长环境，给每个孩子以机会，使他们的潜能和禀赋都得到开发和释放，为他们的终身学习和持续发展打下坚实的基础。

在全面推进素质教育的过程中，作为促进体育教学目标实现和学科建设的重要手段，在体育教学评价领域建立新的符合素质教育的体育教学评价体系已成为必然。

参考文献

［1］赵彬总.中学生物教材研究与教学设计［M］.西安：陕西师范大学出版总社有限公司，2011.

［2］佟晓东，刘铁.体育教学设计与实践［M］.沈阳：东北大学出版社，2009.

［3］杜俊娟.体育教学设计［M］.北京：北京体育大学出版社，2007.

［4］毛振明，于素梅.体育教学计划编制技巧与案例［M］.北京：北京师范大学出版社，2009.

［5］舒盛芳，高学民.体育教学设计［M］.上海：复旦大学出版社，2013.

［6］赵静，马莹，马玉龙.体育教学理论问题与实践应用［M］.长春：吉林大学出版社，2013.

［7］许彧青.工业设计理论与方法［M］.哈尔滨：哈尔滨工程大学出版社，2014.

［8］陈建斌.电子商务与现代物流［M］.北京：中国经济出版社，2008.

［9］王丽娟，等.教学设计［M］.海口：南海出版公司，2003.

［10］蒋立兵.现代体育教育技术［M］.武汉：中国地质大学出版社，2012.

［11］高明.中学美术教学设计与案例分析［M］.西安：陕西师范大学出版总社有限公司，2015.

［12］邢文利.高校课堂教学的理论与实践［M］.北京：中国文史出版社，2015.

［13］章伟民.教学设计基础［M］.北京：电子工业出版社，1998.

［14］李方，叶谷平.新编现代教育技术学［M］.广州：广东高等教育出版社，2013.

［15］桂青山.影视学科资料汇评 影视创作与批评编［M］.北京：北京师范大学出版社，2011.

［16］屈勇.现代教育技术［M］.成都：西南交通大学出版社，2013.

［17］戴莹.教学设计研究［M］.广州：世界图书广东出版公司，2014.

［18］张有录.信息化教学概论［M］.北京：中国铁道出版社，2012.

［19］卢金明.语文课程教学设计论［M］.北京：光明日报出版社，2013.

［20］郑世珏.智能手机的微型移动学习创新设计［M］.北京：清华大学出版社，2015.

［21］牟来彦，汪和生.信息技术课程与教学论［M］.广州：广东高等教育出版社，2013.

［22］李云生.学生体质健康标准实施办法与学生体育达标考核实务全书 上［M］.哈尔滨：黑龙江人民出版社，2003.

［23］张细谦.体育课程与教学论［M］.广州：广东高等教育出版社，2013.

［24］张晓燕，李唐海，赵丽.当代数学教学论［M］.北京：中国水利水电出版社，2015.

［25］杨铁黎.体育教学指导 小学［M］.北京：高等教育出版社，2011.

［26］胡金平.体育与健康新课程及教案评析［M］.北京：人民体育出版社，2005

［27］李海，裴鹏.体育教学案例分析与详解［M］.北京：北京体育大学出版社，2014.

［28］中公教育教师资格考试研究院.国家教师资格考试专用教材，体育与健康学科知识与教学能力，高级中学2015最新版［M］.北京：世界图书出版公司北京公司，2015.

［29］龚坚.现代体育教学论［M］.重庆：西南师范大学出版社，2009.

［30］颜秉峰.现代排球理论与方法研究［M］.哈尔滨：哈尔滨地图出版社，2010.

［31］郑厚成.体育与健康教学参考书［M］.北京：高等教育出版社，2009.

［32］蒋立兵，易名农.现代体育教育技术［M］.北京：中国地质大学出版社，2012.

［33］陆作生，董翠香，李林.学校体育理论与实践［M］.北京：地质出版社，2004.

［34］严明.语言教育心理学理论研究［M］.长春：吉林出版集团有限责任公司，2009.

［35］饶平.体育新课程教学论［M］.南京：南京大学出版社，2011.

［36］张学立.毕节试验区高等教育研究［M］.贵阳：贵州大学出版社，2008.

［37］毛振明.体育教学论（第2版）［M］.北京：高等教育出版社，2011.

［38］党永生.教研论文撰写导航 我的教研苦旅［M］.兰州：甘肃教育出版社，2015.

［39］范海荣，任继祖.学校体育学［M］.上海：复旦大学出版社，2009.

［40］袁瑞堂.体育课程践行的探索与理解［M］.徐州：中国矿业大学出版社，2011.

［41］袁雷，郭玉莲.体育教学法新论［M］.长春：吉林大学出版社，2013.

［42］张虹，赵平，赵泽顺.基础教育体育教学原理与方法［M］.昆明：云南大学出版社，2013.